义务教育阶段教师教育转型发展研究

梁 艳 著

西北工业大学出版社

西 安

【内容提要】 本书共分七章，主要内容有义务教育阶段教师教育转型发展的时代背景、义务教育阶段教师教育转型发展的理论基础、义务教育阶段教师教育发展的历程与发展机制、国外教师教育转型发展的经验与启示、义务教育阶段教师队伍机制建设的完善、义务教育阶段教师绩效考核体系的构建以及义务教育阶段教师教育转型的个案研究等。

本书适合作为义务教育工作者及研究人员参考书，也可作为中小学管理者的参考读物。

图书在版编目（CIP）数据

义务教育阶段教师教育转型发展研究 / 梁艳著. —西安 : 西北工业大学出版社, 2018.3（2025.1 重印）

ISBN 978-7-5612-5899-6

Ⅰ. ①义… Ⅱ. ①梁… Ⅲ. ①中小学－教师教育－研究－南宁 Ⅳ. ①G635.12

中国版本图书馆 CIP 数据核字(2018)第 059972 号

策划编辑： 雷 鹏

责任编辑： 李阿盟 刘晖

出版发行： 西北工业大学出版社

通信地址： 西安市友谊西路 127 号 **邮编：** 710072

电 话：（029）88493844 88491757

网 址： www.nwpup.com

印 刷 者： 三河市天功达印刷有限公司

开 本： 727 mm×960 mm 1/16

印 张： 13.25

字 数： 227 千字

版 次： 2018 年 3 月第 1 版 2025 年 1 月第 2 次印刷

定 价： 42.00 元

前　　言

义务教育在我国国民教育体系中具有基础性、先导性和全局性的地位，在整个教育体系中发挥着举足轻重的作用。本课题正是近年来研究的重要成果之一。根据法律规定，适龄儿童和青少年都必须接受义务教育，国家、社会、家庭必须予以保证这样的国民教育。依照法律的规定，对适龄儿童和青少年实施的一定年限的强迫教育的制度就是义务教育。

关于义务教育政策的研究，已经成为当前教育政策研究的重点。国家教育行政学院作为教育主管部门重要的政策咨询平台，一直致力于跟踪义务教育政策的热点和难点研究，寻找政策的前沿问题，抓住典型的地方政策创新案例，为国家的教育政策的进一步完善提供自己的视角。我国义务教育政策大致包括以下几个重要的政策时点：中华人民共和国建立后，在初期起临时宪法作用的《中国人民政治协商会议共同纲领》及以后正式颁行的国家宪法中，都明确规定公民有受教育的权利和义务。1985 年 5 月 27 日，《中共中央关于教育体制改革的决定》指出，义务教育即依法律规定适龄儿童和青少年都必须接受，国家、社会、家庭必须予以保证的国民教育，为现代生产发展和现代生活所必需，是现代文明的一个标志。[1]1986 年 4 月 12 日，第六届全国人民代表大会第四次会议通过的《中华人民共和国义务教育法》规定，国家实行九年义务教育，要求各省、自治区、直辖市根据本地区经济、文化发展状况，确定推行义务教育的步骤。[2]该法于 1986 年 7 月 1 日起施行。这是中华人民共和国成立以来最重要的一项教育法，标志着中国已确立了义务教育制度。2006 年 9 月 1 日起开始实施新的《中华人民共和国义务教育法》，明确规定了义务教育管理体制是“以县为主”，而投入体制是中央、省和地

---

[1]洪明．教师教育的理论与实践[M]．福州：福建教育出版社，2007．

[2]谢安邦．高等师范教育研究—教师教育理论与实践[M]．青岛：中国海洋大学出版社，2009．

方政府分级承担，农村义务教育经费分项目、按比例分级承担。实际上《中华人民共和国义务教育法》从1986年出台的18条，到2006年修订通过的63条，并不是一个简单的法律条文上的调整，其中涉及诸多义务教育领域的热点、难点问题。新《中华人民共和国义务教育法》(以下简称《义务教育法》）的通过，对新世纪的中国教育发展来说，是一件具有深远意义的大事。从教育法制建设角度讲，新《义务教育法》的出台也是中国教育法制建设一个新的、重要的标志。新《义务教育法》总结了《义务教育法》实施20年来的历史经验和教训，对《义务教育法》作了一次全面的、重大的修改。从义务教育发展来看，关乎整个民族素质的提高和民族的复兴，对整个教育的发展具有奠基性意义和深远的历史作用，是义务教育发展的一个新里程碑。无论从义务教育本身、教育法制建设，乃至中国教育事业的发展来说，都具有深远的意义。2010年7月，《中国中长期教育改革与发展规划纲要》颁布，主要强调了义务教育政策的三方面内容。

巩固提高九年义务教育水平。[3]义务教育是国家依法统一实施、所有适龄少年儿童必须接受的教育，具有强制性、免费性和普及性的特点，是教育工作的重中之重。义务教育注重学生品行培养，激发其学习兴趣，培育其健康体魄，使其养成良好习惯。到2020年，全面提高普及水平，全面提高教育质量，基本实现区域内均衡发展，确保适龄少年儿童接受良好义务教育。推进义务教育均衡发展。均衡发展是义务教育的战略性任务，须建立健全义务教育均衡发展保障机制，推进义务教育学校标准化建设，均衡配置教师、设备、图书、校舍等资源。减轻中小学生课业负担。过重的课业负担严重损害少年儿童身心健康。减轻学生课业负担是全社会的共同责任，政府、学校、家庭、社会必须共同努力，标本兼治，综合治理，把减负落实到中小学教育全过程，促进学生生动活泼学习、健康快乐成长。率先要实现小学生减负。

因为教育的本质是育人，是发展心智、陶冶人格，而不是单纯地传授知识和技能。所以教师应该是智者，而不是工匠。孔子和苏格拉底分别是东西方老师的始祖，智者的化身，他们的教育特点首要是启迪学生的智慧，而不是单纯地向学生灌输大量的知识。后来随着社会的发展，为社会培养专门人才逐渐成为教育的

---

[3]朱旭东．我国教师教育制度重建的再思考[J]．教师教育研究，2006，18(03)：3-8．

重要功能，教育重在启迪智慧、培养人格的本质功能退居其次，其次要目的—传授知识和技能却成了主要目的。在这种情况下，为了应对考试和升学，教师忽视了学生鲜活的个性，视学生为学习知识的机器，将“用教材教”变为“教教材”，并演练出一套程序化的传授知识和“教教材”的方法，自然就沦为了“教书匠”。工匠和大师是有着本质的区别的。工匠所从事的是一种程序化、简单、较少创造性的工作，方法熟练，但智慧和艺术成分很少；大师则具有创造性和艺术性，达到了很高的境界。如果基于教育的本质，把学生看成是人而不是产品，那么教师就是在因材造型和雕刻进行艺术创造，不是在制造“标准件”，教师就必须从“工匠型”向“智慧型”转变。教育是承上启下的事业，只有起点，没有终点，结果应当是美满的，过程更应当是有创造性的。教育要不断发展，要合时宜、顺天意、循规律。

教育转型，说到底是使教育的过程符合科学的轨道，使教育的结果呈现社会的满足，使教育的品质获得百姓的认可。而教育转型成功，既有客观对教师的需求，又有教师主观的能动。教育的真正转型，有待于教师在遵循教育规律上的真正转变。如果说，教育转型是宏观的指向，那么教师主动发展则是微观的实践。在教育转型背景下的教师主动发展，要有客观需求的“拉动”，如何应对教育转型，就是教师主动发展的“线索”，而教师主动发展则是教育转型的“背书”。教育转型“有方”的基础在教师，教师主动发展“有路”的方向在转型。面对时代的使命、教育的命题，要从现阶段义务教育的教师教育抓起。教师在开始从事教育教学时需要一定的经验，工作中慢慢地也会积累一些经验。但教师应该将经验提炼、升华成智慧，不能简单照搬经验。经验是在一定的环境和条件下形成的，并不是“放之四海而皆准”的真理。教育的发展和新课程改革，对教师的专业发展提出了更高的要求。面对不断发展的社会，不断变化的环境，个性迥异的学生，以及新情况、新问题，教师必须做一个研究者，研究教育规律、研究学生、研究教材、研究教法。教师仅靠经验是不行的，必须进入研究状态，才能掌握教育内在的规律，洞悉学生心灵的奥秘，接近教育的本质。

目前，我国义务教育阶段的教师教育存在很多问题。首先，教师教育是定向性与封闭性的。表现为：①教师教育培养目标较单一。师范教育在处理教师培养的学术性与师范性的关系时，往往把这两个方面对立起来，造成师范院校具有较强的师范性而学术性较弱，综合性大学的教师教育具有较强的学术性，而师范性较弱。②教师的来源是单一的。绝大多数教师是由师范院校培养的。③教师教育机构单一。教师培养培训的任务主要由师范类院校承担，其他类型的教育机构一般都不涉足教师的培养。教师培养被师范院校所垄断，高等学校之间缺乏竞争，导致效率不高。④教师培养模式单一。其次，教师的职前教育与在职培训分离。这种分离状态如果不尽快进行战略性调整，将会严重影响我国中小学教师素质的提高，影响基础教育改革的进程。再次，教师培养和资格认证不分。在传统的师范教育体制中，教师的培养是在一个封闭的体制内进行的，师范院校的毕业文凭就直接成为教师资格认证的通行证。培养和认证不分造成教师教育注重培养而忽视规范性的认证，这样，教师培养也就难以实现法制化和规范化，高质量难以得到保证，国家也缺乏对不同类型的教师教育机构进行专业化管理的依据和手段。最后，教师的学历层次普遍偏低。传统师范教育一般按照小学教师中专学历、初中教师大专学历、高级中学教师大学本科学历的标准进行师资培训。这种要求是低水平的，已经明显地不符合科学技术迅速发展的时代要求，也不符合在中小学校深化教育改革、全面推进素质教育的需要，所以义务教育阶段的许多特点以及教师专业化都要求我国教师教育必须转型。

本书共分七章，主要内容有义务教育阶段教师教育转型发展的时代背景、义务教育阶段教师教育转型发展的理论基础、义务教育阶段教师教育发展的历程与发展机制、国外教师教育转型发展的经验与启示、义务教育阶段教师队伍机制建设的完善、义务教育阶段教师绩效考核体系的构建以及义务教育阶段教师教育转型的个案研究等。

本书适合作为义务教育工作者及研究人员参考书，也可作为中小学管理者的参考读物。

本书在写作过程中参考了众多专家学者的研究成果，在此表示诚挚的感谢！由于时间和精力的限制，本书在写作过程中可能会出现差错，恳请广大读者积极予以指正，以便使本书不断完善！

作　者

2018 年 1 月

目　录

第一章　义务教育阶段教师教育转型发展的时代背景

第一节　知识转型促进教师教育转型

一、知识观下我国教师教育的时代背景

随着科学技术的不断发展，尤其是互联网技术的不断发展，给人类的社会、经济、文化等方面都带来了长足的进步与发展，这不仅丰富了人民的物质与精神文化生活，并且还为人们改造自然，提供了先进的技术手段。从古至今，人类对于自然与科学的探索从未停步，随着我国综合国力的不断增强，人们对于自然与科学的探索又进入了一个新的阶段，并在几代人的不懈努力中，取得了丰硕的科研成果，并最终形成了科学、客观、中立的现代科学知识观。当前，人们在物理学方面的研究获得了很多新的进展，如相对论、量子力学以及测不准原理等方面都有了更深一步的研究，这就导致很多交叉科学和模糊领域应运而生。在现代科学知识观众，以往已经被证实的科学链条和逻辑结构，又重新引起了人们的质疑。但却切实证明了，无论是人的个体思想还是思维意志，都会对最终的科学实验产生重要的影响。后现代哲学潮流重要是以反本质主义和反基础主义为重点，其在现代的发展对旧哲学产生了冲击，迫使其不断进行解构，并有了新的研究发现。客观、孤立、线性是人们对于自然界默认的特点，随着科学技术的不断进步，知识界对于自然界的诸多特点也进行了反思，重新

解构和批判了现代科学知识观中的普遍性、客观性和中立性等特点。在学习和知识的探索发现过程中，个体的主导地位重新获得人们的重视，包括情感、意志和悟性等主管情绪因素。这一系列的变化都再一次表明，人类知识观正在经历重大变革，是从全方面对知识的重新解构，外在、封闭、静态的知识观正在逐渐走向内在、开放、动态，从单维、对立的知识价值观走向多维、互补，从以往通过机械化的记忆获得知识，转为积极主动的接受与主动生成。该次知识观的重大转型，无论是对于认识论还是对于方法论来说，都具有不可忽视的重要意义。具体来说，主要表现在三个方面。

第一，传统知识所具有的封闭性和静态的特点，产生了一系列的消极影响，部分权威掌控了知识的权威，不利于人们对知识的学习和创造。现代知识本质观的转型，有利于人们解放知识的权威，让自己成为知识的主人，激发自身创造知识的热情，在实际生活中实现对知识的灵活运用。

第二，知识的价值观也产生了变化，除现代科学知识外，人们对于其它知识存在的价值与意义也予以了肯定，这就为人们主动创造知识奠定了基础。人们肯定自身对于创造知识价值的肯定，破除了对知识的盲目信任，有利于通过自身的研究了认识创新的知识，在对知识的见解上提出自己的认识。

第三，知识的获得观发生了变革，这对与拓展人们获得知识的方式也具有重要的意义。人们在生产生活中获得的经验，以及人们的心理结构和信念，是传统知识获得的基础，然后将这些信息进行内化与融合，最终形成知识的累计与传承。

知识观的转型不仅转变了人们获取知识的方式，同时还重新提出了教育以及教师的重要作用。联合国教科文组织的报告提出：与传统的教师相比，现代教师的职责有了很大的改变。教师传递知识的职责在逐渐减少，而激励学生主动进行思考的职责在逐渐增多。对于正式教师来说，他们的日常工作不仅仅是要向学生讲授知识，更多的是要成为学生学习的顾问，成为学生思考、讨论的参与者，帮助学生发展学习和生活中的矛盾点，而不是直接将答案直接告诉学生，鼓励学生主动进行思考。针对那些具有创造性和价值型的活动，教师必须要抽出更多的时间和建立去维持。在科学技术迅速发展的时代，赋予了教师新的使命，就是要鼓舞、了解、激励、培养新型教师的出现。通过这些教师的不懈努力，还原知识的本来面貌，家里新型教师教育共同体，对新课程内容体系进行创新，不断对课程教学手段进行优化，平等看待新型平等的师生关系，提高教师教育的针对性和有效性。

（一）旧知识观下我国教师教育课程的现状分析

教师教育课程指的是，为了培养师范生的专业精神、专业知识、专业能力、专业伦理和专业发展意识而实施的一系列课程的总称。设置教师教育课程的主要目的是，将师范生培养成为基础教育优秀师资，并培养其具备终身的专业发展能力，为祖国的教育事业培养优秀的人才。人们对于教师教育理论存在共识，即认为现代科学知识具有无限的权威性，是客观存在的，具有普遍性和价值中立性。知识是对客观事物的反映，符合客观事物的实际状况，无论是对于人还是对于社会来说，都是绝对无害的，对人们具有重要的教育意义。

传统教学观念中，人们将学校教育看作是传播知识的重要方式，通过这种方式，人们就可以获得最为先进的教育与最有价值的知识。但是，由于学校教学时间具有空间的限制性和舌尖上行的均质性，因此这就使得学校将效率放在首位，在教学计划的严格指导下执行教学计划，通过该种途径将知识传播给学生。通过这种教学方式，使得一部分学生掌握了科技与知识，但不可避免的，该种教学方式也存在很多的局限性。具体来说，主要表现在以下几方面。

第一，当前，在学校的教育课程体系中，学科知识占据了绝大部分比例，学生大部分的时间都会被用来进行学科知识课程学习，现代科学知识则是课程内容的重点。此外，所有与课程教学相关的教学内容都是为科学知识的学习和检测而展开的，包括课程的开发、设计和实践等。学生阶段，正是学习的最佳时候，不仅需要学习科学知识，其他的内容也应该学习和掌握。但是这些学科知识以外的内容却不被学校课程教育所重视，教师和学生的个人认知也不被接纳，教师评价学生的唯一保准就是学生对于学科知识的掌握程度。在这种学校教育课程模式下，教师丰富多彩的生活和施教过程与科学知识被分离开来，课程的实施与学生和教师的内心生活相隔离，这实际上与教育育人的本质目标是相背离的。

第二，知识创造权威化。普遍性特征是现代科学知识所固有的一项特征，该特征就决定了，知识只有被得到普遍的证实和接纳，才会是客观的、有效的和合理的。因此，这就要求人们在获得证实知识的过程中，需要对社会和文化情境摒弃，这样才能确保知识的普遍性和接纳性。在这种情况下，教师和学生创造知识的权利基本上是被否定的，所有的课程内容都是为科学知识的传递而服务，并且强调要消除教师和学生对知识传递的负面影响。在这种情况下，科学知识的传授者和学习者都严格遵守各自的准则，知识来源的权威被全面把握，使得创造知识的动力被逐渐磨灭，即使教师和学生获得了新的知识，也很难获得社会的认可和接受。

第三，在人类科学文明构成中，个人知识和缄默知识是其中的一项重要组成部分，这是知识界的共识。但是由于这两类知识不具备科学知识的共性，即客观性、中立性和普遍性，因此被很多人看作是伪科学，不被人们所接受。这也就导致了，教师和学生的个人知识与缄默知识不被人们所重视，容易被世人所忽略。与现代科学知识相比，个人知识与缄默知识具有零散性、人格化和非逻辑性的等多项特征，这些特征使得个人知识与缄默知识难以被大众所鉴定，不能接受社会实践的检验，不具备普遍性，也因此很难被大众所认可也接受。在这种情况下，个人知识和缄默知识通常就会被精密的现代科学知识体系所摒弃，不能被纳入其中，在遇到时会被选择性忽略，及时是教师教育也是如此。上述的多项因素都共同导致了，在教育课程体系中，个人知识和缄默知识没有获得足够的重视和尊重。

（二）知识变革与教师教育课程改革

合格的师范毕业生必须要符合基础教育师资要求，具有扎实的学科知识、出色的教师技能、坚实的教师专业发展能力和深邃的人文情怀。在以往的教师教育专业的课程体系中，学科性知识通常会被高等师范院校作为最主要的师范生学习部分，将学科陈述性知识的传授作为教学内容，并且不注重教学实践，这就造成传统课程教育中出现了“一言堂”和“满堂灌”等负面影响较差的教学情况。再加上，学校课堂教育不重视引导和培育学生的自主学习能力，没有引起对个人知识和缄默知识的足够重视，因此这就导致了学生出现了不能灵活运用知识，动手能力差等不良影响。从这里我们已经可以看出，传统的教育模式存在诸多的弊端，对教师教育已经产生了严重的负面影响，我们必须要对对其进行彻底的改革，消除这一情况，为社会培养更多优秀的教育者，满足社会的需求。众所周知，知识与教育间有着密切的联系，在诸多的教育活动中，知识的生产和传播才有了媒介和土壤。基础教育所肩负的重要使命不仅是要传播知识，并且还要奠定知识再生产的基础。随着人们对现代知识观的变化，教师教育实践也会受到影响，改革教师教育模式已经成为必然。经过长时间的研究分析，人们已经了解到现代科学观会对教师教育产生诸多不良影响，因此在对教师教育进行改革的过程中，必须要注重对课程的教育内容进行变革，用新的观点看待教育课程教育问题，找到正确的解决方式。

在对教师教育进行改革的过程中，要注意使用新的知识观来对其进行引导，在明确把握现代科学知识观对教师教育产生的不良影响后，从新的正确的角度来分析教师教育制度的改革方向。从本质上来看，当代知识观已经对知识的来源、性质与传播方式有了整体的把握，这就为现代教师教育模式的改革提供了理论上的依据。在改革过程中，必须要明确的是，教育与学生在教授与学习之间的主体性地位，在学习的过程中，学生应处于主导地位，应培养其学习的主动性，同时还应注意到，在教授学生知识的过程中，个人知识与缄默知识也是不可缺少的重要组成部分，其对培养高素质的学生具有重要的作用。现代科学知识的权威性并不是不可挑战的，我们要对这一问题重新进行审视，在本土环境中看待教师教育，培养学生的主动学习能力，孤立学生参与实践，提高其对知识的转化能力，明确知识来源的多样化，明确个人知识与缄默知识在培养学生综合能力中所发挥的重要作用。

在人们的传统观念中，教师所从事的是与“知识”相关的事业，因此拥有着崇高的地位。人们对教师的定义，也是知识的传授者，承担着“传业、授道、解惑”的责任和义务。如果教师仅被看作是信息的传递者，那么他们可能只需要具备基本的内容知识和把知识组成为可理解的形态进行讲授的能力。现代社会，学生的学习途径已经变得多样化，不仅可以直接接受知识的讲解，同时还可以通过切身体验的方式获取知识。与此同时，学生接受知识的方式也日益多样化。对于不同的学生来说，由于自身的精力与学习能力都有一定的区别，因此在学习的过程中，必然会遭受不同的学习障碍。面对这种情况，教师就必须要提高自身的专业知识素养，这样才能针对不同学生制定相应的学习策略，以此提高学生的学习效率。教育与知识之间存在着紧密的内在联系，这主要表现在教育是知识筛选、椽笔、发展的重要途径，而知识则是教育的重要内容和载体，没有知识的教育是空洞的，是没有价值的，是无意义的，所有教育目标的实现都需要通过知识的传授来完成。从人类几千年来的文明发展中，我们看到：在知识性质的转变下，随之而来的必然是带动教育知识基础的变化，进而导致原有教育观念、制度产生危机，最终导致的结果必然是时代教育的变革。

《知识转型与教育改革》是注明教育家石中英所著，在本书中，石中英提出知识进行了三次转型，并对每次知识转型带来的教育改革进行了深入探讨。本书分别对“知识”“知识型”“知识转型”等概念进行了界定，并对知识进行了分类，将古今知识的更迭分为了四类，即“原始知识型”“古代知识型”“现代知识型”“后现代知识型”[1]。作者从客观性、普遍性和价值中立性的角度对现代知识进行了批判分析，对现代知识的绝对化和公式化的教育模式提出了挑战，这是对现代知识创新与教育改革的重要理论指导。除去对传统科学知识的探讨，本书对个人知识与缄默知识的相关内容也进行了论述，提出了该种知识对培养高素质学生的重要性，引导人们重视文化的多样性，要注重对传统文化的继承。此外，作者在本书中还对自然知识、社会知识和人文知识之间所存在的差异性与关联性进行了

[1]靳希斌，王炳明．我国教师教育模式变迁探析[J]．集美大学学报，2008，9(04)：3-7.

深入的探讨，其目的是要引导人们对于人文精神的关注，明确其在教育过程中所起到的重要作用。

二、知识转型与教育改革的相互作用

所谓的知识型又可以被称为是知识的模型或者是知识范式，指的是在某一特定时期，知识从生产到辩护再到传播与应用所应遵循的标准，在该时期所有知识分子都共同分享的知识问题、范畴、性质、结构、方法、制度及信念的整体。知识性包含多项基本特点，主要有共同性、历史性、文化性、规范性和先验性。所谓的知识转型则指的是，原有的知识型发生改变，无论是知识的范式、形态或是知识政体都发生了改变[2]。

伴随着知识转型的出现，随之而来的必然是教育的改革，这是导致教育改革最终出现的一个根本动力和社会背景。在进行教育改革的过程中，必须要回答以下几项问题：第一，社会的发展对知识会提出怎样的新的要求；第二，思考最具有教育价值的知识到底是怎样的；第三，通过怎样的途径获取这些知识才能达到教育价值的最大化；第四，在所举行或是发生的所有教育活动中，教师与学生分别会扮演怎样的角色；第五，新的时代对知识的新发展所提出的问题，应当设置怎样的新的教学模式或是教学评价模式才能适应；第六，知识转型对教育改革会产生重要的影响，教育实践互动不仅会受到直接的影响，并且通过对教育理论的影响，教育实践活动也会间接受到波及，通过对教育转型的影响，使得教育实践活动也会产生变化。

相应的，知识转型也会受到教育改革的影响，具体来说，重要表现在以下四点。

第一，对旧知识性的普遍化或是泛化进行质疑的过程中，通过自身独特的知识传播方式，教育可以将这种质疑传递给他人或是下一代，这样就可以减少普遍

---

[2]曹侠．我国教师教育发展历程与现状研究[J]．江苏高教，2006(05) ：6.

化或泛化所需的实践。

第二，教师在自身掌握了新旧知识性之间的利弊之后，在课堂授课的过程中，可以将该项内容以最简洁的方式传授给学生，让学生在较短的实践内掌握新旧知识型之间存在的矛盾和冲突，鼓励学生找到修缮新的知识型的正确途径，以便使其不断完善。

第三，在最终确立是一个时代新的知识型之后，就需要在该时代对新的知识型进行推广，在这一过程中必须要做的一项任务就是要，消除旧的知识型对该时代产生的影响。想要快速实现新的知识型的推广，就必须要充分利用学生追求新奇的心理、教师的权威以及仪式性质极为浓厚的教育活动，他们可以在最大范围内减少新型知识的推广阻力。

第四，新型知识分子通常都会在高校中培养出来，他们会推动社会知识转型的完成，并且利用该种新型知识促进经济的发展和社会进步的实现，这对整个人类社会的发展具有重大的推动作用。因此，我们先从以前的知识促进教师教育转型说起。

（一）后现代知识转型与现代教育的危机

在对现代知识型产生质疑的基础之上，后现代知识型才逐渐产生，在 20 世纪自然科学革命性不断发展的情况下，这种质疑也在随之发展，发展的高潮是在 20 世纪的后期。

知识是价值中立、文化无涉与非意识形态的。客观性、确实性、实证性是知识最为基本的特征。知识是人类的公共财富。

现代知识性具有很多独有的特点，其具体内容如下。

所谓的知识分子主要指的是科学家和科研人员，从其与认识者之间的关系来看，他们享有认识特权。通过一系列的观察、实验和推理，认识者可以反映出客观事物的本质，这是以往人们获得知识的主要途径。世界是客观存在的，所谓的知识就可以看作是对客观事物本质的反映，这从认识与认识对象之间的关系中可以得出。实践是检验真理的唯一标准，因此，只有通过实践检验后的知识，才能被称为是真正的知识，才具有普遍性，能够反映出客观事物的本质，也才能够最终被大众所接受。从知识的陈述方式来看，通过特殊的概念、范畴、符号和命题，知识才能被表述出来。例如，知识最基本的表现形式就是我们较为熟悉的数学语言和观察命题。从知识与社会的关系来看，知识对现代社会的行程具有重要的推动作用，并为现代社会提供了向世人解释世界的模式。

在一定程度上可以说，现代教育的科学知识型是塑造现代教育特征的基础，同时也是教育现代性的最终体现。该种体现主要表现在三方面。

第一，科学性。现代教育是一种科学教育，其主要目的是传播和发展科学知识，在学校的课程体系中，科学课程始终占据着主导和核心的地位。此外，需要注意的是，教育科学知识是现代教育的基础，其实在现代教育科学知识的指导下才进行展开的。

第二，普及型。在最开始，普及教育是由国家所提及的，随着人们思想的逐渐觉醒，开始逐渐要求主动接受科学教育，并为获得受教育的平等权利而进行了斗争。

第三，世俗性。所谓的世俗性主要来自于两方面。首先，来自于多方面的庞大资金，使得教育成为社会中的一个极为庞大的消费市场，这些资金主要来自于国家、企业和家庭；其次，对于教育资金的投资者来说，他们希望通过自身的投资获得一定的回报，期望实现利润的最大化。

后现代知识型的特点，主要表现在以下几方面。

第一，从认识和认识者之间的关系来看，在具体的知识分子取代普遍的知识分子之后，所谓的知识特权也随之消失。认识者所产生的感觉和理性，实际上都是文化的产物，认识者对知识的最终陈述，与其知识信念之间有着不可分割的关系。

第二，从认识与认识对象之间的关系来看，无论是概念、符号还是范畴，都是一定的文化产物，因此知识并不能体现出客观事物的本质，而是对认识对象的特征及其关联的一种暂时性的认识策略或猜测，所有知识性的表述都不是固定不变的，不具有充分的证据。

第三，从知识的表述方式来看，对于知识型的表述存在着多种多样的形式，这些陈述形式之间各有区别，不能相互替代，具有相对性、文化性和多样性等特征。

第四，从知识与社会之间的关系来看，无论是与实践、权利、性别还是利益之间，知识都与其之间有着极为密切而复杂的关系。它与一般意义上人们对于知识的理解不同，其不具有普遍性、价值中立性和文化无涉性。

（二）现代教育危机中的科学教育变革

在现代社会发展中，科学知识起着重要的推动作用。在进入教育机构，成为现代教育中的一项组成部分之后，古代的人文教育就会迅速受到科学教育的排斥，成为现代教育的核心地位。

现代社会实行科学教育的主要目的是，对科学知识进行广泛传播，训练学生的科学学习方法，对事物的研究保持一种科学严谨的研究态度，能够正确理解科学活动，这样人们才能对自然产生正确的理解，并在此基础上利用自然和保护自然，长此以往，人与自然之间才能达到一种和谐的关系。

经过长期的科学研究，所获得的一系列的科学成果是构成科学教育的主要内容，包括众多的科学事实，从这些科学事实中提炼出来的概念、命题、公式等。通常情况下，人们都会用绝对性、客观性、价值中立性等来形容该类概念和命题的表述方式，科学知识的假设性和未完成性，就容易被这种表述方式所忽略，人们容易被这种假象所迷惑，忽视了知识结论的得出实际上也受到了研究者个人理论和研究方法偏好的影响。在后现代课程建立的过程中，应明确对知识型的改革必须是要在客观、普遍、中立的观点下对教学课程进行改革，通过科学的课程设置，能够对科学活动和科学知识产生创新性认识，能够意识到实际上行科学知识只是研究者的一系列假设或猜测，以此帮助学生从小树立起一套正确的科学观和方法论。需要注意的是，对于科学课程的目标设置中，不能局限于以往具体的科学知识、方法和技术，要让学生树立起一种全局的观念，将所掌握的知识系统综合起来，对事物的发展有更为全面和深刻的理解。在对课程内容的编排上，要突破以往分科课程模式的限制，为学生提供综合化的教学模式，培养高素质的综合性的人才。

在早期的教育教学中，主要采用的是教授学生科学知识或是证明的方式，导致学生接触到的知识，通常会超于自身的理解范围，与自身的生活相脱离。在当时，导致科学教学效果不良的因素主要有两个，其一为科学教师素质不高，其二为实验材料的缺乏。20世纪后期，科学技术的发展获得了迅速的发展，人们对科学的掌握进入了一个新的层次，其在提高经济发展，增强国家综合国力方面起到了重要的作用。人们逐渐认识到可科学知识的巨大作用，因此开始考虑改革科学教学方式。进过一段时间的努力，发展模式和合作学习模式逐渐诞生，这种学习模式强调，在教师的指导和帮助下，学生要学会自主学习，掌握自主探究方法，积极与其他的学生伙食学者展开交流与合作，提高认识的准确性。[3]

在《知识转型与教育改革》中，提出的很多观点都会让人产生同感。例如，在第一章中，对实施转型与教育改革之间的相互作用进行了论述，并且阐述了后现代知识转型与现代教育危机之间的关系，从科学教育的角度入手，对二者之间的关系进行了较为详细的论述。

对于很多高校中的教师来说，他们对于科学目标的理解还存在一定的局限性，将其固定在科学教育的知识目标上。过于强调对各种定义和概念的把握，却忽视了帮助学生树立起正确的能力目标和感情目标。

在对科学目标的理解上，很多一线教师仅局限于科学教育的知识目标，即过于强调对概念的掌握，而更重要的能力目标和情感目标未得到应有的重视。实际上，可以通过具体化的方式来实现情感目标，例如，可以通过为学生播放视频的方式来想学生展示科学家的探索、研究、发现过程，这样学生就可以通过具体的形象了解科学的具体发展过程，明白事物是处于不断发展的，没有固定不变的事物。

教师在实践教学过程中，尽管已经认识到发展学习和合作学习对于学生的重

---

[3]金忠明. 教师教育的历史、理论与实践[M]. 上海：上海教育出版社，2008.

要性，但是在实践的过程中，却能难正确操作。具体来说，主要表现在两方面。

第一，忽视了学生以往的学习和生活经验，是很多教师在课堂启发学生的过程中经常会犯的错误。教师应当从学生最常接触的、最熟悉的角度或是现象出发，这样才能帮助学生彻底消化所学到的知识，实现知识的内化和迁移。

第二，很多教师并没有认识到合作学习的真正意义，其指的并不是简单地将学生进行分组讨论，而是指的提出一个问题，然后让学生围绕该问题进行集中讨论，各抒己见，然后找出解决问题的正确方式。

应当肯定的是，尽管在当前的学校教育教学中，还存在很多的问题，但很多的教育专家和教师已经看到了这些问题，并开始制定措施，着手解决这些问题。相信在诸多教育专家和教师的深刻反思下，传统的教学观念必定会接受变革，创建新的教学模式。

第二节　教育发展模式转型催生教师教育模式转型

纵观教育发展史，教师教育的改革是时代发展的必然趋势，是历史发展的潮流。我国教师教育自 20 世纪末以来，也逐渐走上模式转型的道路，经过 20 多年时间的发展，至少在形式上已经实现了开放式的教师教育模式。但从实质上来看，仍存在诸如地位淡化、专业萎缩、中师资源流失以及职前职后分离等众多问题。因此，重要的应对策略应包括：不可实行完全开放式、切实提高教师地位、协调利益矛盾、严格执行教师资格证书制度等。

从整体来看，无论教师教育在不同的时代有怎样的名义，其都经历了一个固定的历史发展轨迹，即从初级到高级，从数量增加到质量提高，从单一封闭到多元开放。在我国，“教师教育”的概念直到 20 世纪 90 年代才被学术界所提出。“教师概念”被作为一种正式用语，出现在政府的相关文件中，则是在 21 世纪。尽管对于教师教育概念的使用不断在学术界和政府文件中发生改变，但是其却暗示出一条不变的规律，即“教师教育”的时代已经来临，“师范教育”已经逐渐走向灭亡。[4]需要注意的是，对于“教师教育”术语的改变，并不意味着教育实践模式的成功转型，我国当前的教育模式仍然处于“后师范教育时代”。出现这种情况是因为，当前我国的教师教育尽管已经在进行改革，但是在实际操作上却仍然存在着诸多的问题，很多优秀的教育改革措施还没有被真正实行，这同时也是未来众多教师与教育专家未来努力的方向。

一、教师教育模式的内涵

在学术界，对教师教育这个术语的内涵也没有统一的概念，在使用时所指的方向也就自然不同。

从英国学者詹姆斯•波特所发表的报告中我们可以看出，针对教育问题，当前国际上涉及较多的主要是定向教师教育和非定向教师教育。有的学者将教育模式分为了“3+X”模式、“4+X”“5+X”模式等，其主要是从教师培养的课程设置角度来进行界定的。[5]应当明确的是，解决特定的问题是模式构建的主要目的，它是在三个方面的基础上所建立起来的。其一，人们对于特定问题的理解和分析；其二，人们对于影响该问题发展的各个因素的分析；其三，人们对于该特定问题及其影响因素之间的关系是否有正确的把握。在此基础上，有的学者将教师教育模式分为了宏观、中观和微观三种模式。其所考虑的主要因素是，培养教师责任的机构、各个培养机构之间的协作方式以及培养教师的具体内容和方法。因此，我们可以将教师教育模式定义为，培养教师的典型形式。这个概念较为抽象，不容被人们理解和掌握，我们可以通过具体的解释对该定义进行理解。

---

[4]瞿保奎．中国教育研究新进展[M]．上海：华东师范大学出版社，2001．

[5]金忠明．教师教育的历史、理论与实践[M]．上海：上海教育出版社，2008．

我们认为，教师教育模式可以划分为宏观的教师教育办学模式和微观的教师教育培养模式，两种。其中的办学模式指的是，哪种机构体系承担着教育教育的责任。例如，对于那些独立设置的师范院校来说，其所实行的主要是单一体系的封闭模式。多元体系的开放模式则主要是由师范院校和非师范院校共同承担，或是由非师范院校单独承担的。所谓的微观的培养模式主要是从课程的设置角度来进行考虑的，也就是说，可以根据学科专业课程和教育专业课程之间，按照不同的组合比例来进行模式的设置。例如，已经在很多院校中实行的“3+1”、“4+2”、“4+1”等模式。

二、我国教师教育模式存在的问题

我国最早的师范教育是 1897 年建立的南洋公学“师范院”，从该学院的创立到 20 世纪 80 年代，经历了从日化到美化再到苏化的演变过程。我国教师的培养在民国的时期出现了一些开放性的培养模式，但是从总体上来说，我国对教师培养的主流还是封闭定向型的。从一定程度上可以说，中国所实行的这种封闭式的教师培养模式，在当时教师资源短缺的情况下，为教育事业的发展做出了一定的贡献。但是随着时代的不断向前发展，教师教育模式也要随之进行改变，以此才能符合时代的发展要求，这种封闭式的教师培养模式的变革已经成为必然。[6]

到了 20 世纪 90 年代，高校进行了一系列的变革，在对高校进行了合并、重组等改革措施后，人们开始对以往封闭型的教师教育模式开始进行反思。以往由于教师资源缺乏，教师教育模式主要是保障教师资源为主。但是在师资供求关系、教育结构和教育政策发生了一系列的变化之后，这种传统的教师教育模式开始向教师质量保障体系开始进行转变。[7]该项变革，为我国全面实行开放

[6]顾明远．师范院校的出路何在[J]．高等师范教育研究，2000(06) ：8．

[7]毕正宇．教育政策执行模式研究[D]．武汉：华中师范大学，2006．

性的教师教育模式奠定了基础。1999 年，我国颁布了《中共中央关于深化教育改革全面推进素质教育的决定》，这就从制度上打破了传统教师封闭式培养的模式，所有的教师都由师范学院来进行培养的局面开始发生改变。[8]教师教育模式的转型主要有三种形式。

第一，对于师范学院来说，不仅要保持以往的师范教育特色，并且在此基础上海要增加非师范教育专业，培养更多的优秀教育人才；

第二，对于那些综合性较强的高校来说，开设新的教育学院，在培养优秀教师的道路上做出应有的贡献；

第三，根据学校的实际情况，将师范院校与非师范院校进行重组或是合并，集合更多的教育资源，成立更具教育实力的综合性院校。

我国高校教师教育经过多年的变革和发展，从总体上来看，我国已经基本上实现了教师教育模式从封闭性到开放性的变革。但不可避免的，这种变革还带来了一定的负面作用。尽管我国的教育模式从表面上已经发生了变化，但是实际上对教师的教育水平并没有实质上的提高。出现这种情况的原因，主要有以下三方面。

（一）形式转型，实质不变

从当前我国教师教育的总体上来看，尽管教师教育模式从形式上已经实现了从封闭性到开放性的转变，但教师教育的内涵和实质并没有发生变化。从我国高校的建立情况来看，145 所高校仍被称为是师范院校，其中的 6 所大学具有综合性大学的建立背景，开始逐步探索开放性教师教育模式的新的课程设置，其余的师范大学在课程内容和教授形式上并没有发生变化。也就是说，大多数的师范院校仍然在按照封闭性的教师教育模式在进行课程设置，最终培养出来的教师的质

---

[8]李岚清．李岚清教育访谈录[C]．北京：人民教育出版社，2003．

量不能符合新时代的发展要求。[9]一些师范院校，在通过升级、合并，甚至是取消“师范”名称等措施之后，期望成为综合性的院校，它们具有良好的发展前景。但是这些院校的教学资源有效，院校专业较为单一等因素，它们无论是在办学理念、课程设置、教学和管理模式等方面的能力较低，没有达到综合性大学的优势和能力。也就是说，这些经过变革的师范院校，实际上并没有真正不如到综合性大学的行列。[10]

(二) 地位淡化，专业萎缩

对于那些发达国家来说，它们在对你驾驶教育进行改革的过程中，大多都取消了那些师范院校的“师范”称谓，这种做法并不是要取消师范教育，而是要改变师资的培养方式，全面提高师范教育质量。反观我国对师范院校的变革，正在逐渐淡化师范教育的地位，师范教育呈现了萎缩、低迷的情况。很多师范院校为了实现院校升级，不考虑自身的实际教学质量和办学条件，盲目攀升，因此导致众多的院校在办学定位和综合化发展目标上出现了趋同的情况。对于很多高校来说，为了提高学校的地位，对学校规模和教育专业不断进行增加，并且所增加的专业大多都属于非师范专业。这种情况从一定程度上可以表明，对当前的教育领域来说，对于教师教育的培养和发展已经不再是高校所追求的目标。这种情况的出现是不正确的。在现代社会飞速发展的今天，我们需要培养更多的优秀人才来为祖国的发展做出贡献，因此将教师教育作为学校教育的重点有其必要性。对于那些非师范专业的高校来说，尽管他们拥有承担师范教育专业更大的发展潜力，但是却缺少师范教育的办学经验，在师范教育的能力方面明显逊于传统的师范类学校。传统的高等师范教育学院，如果为了盲目升级，而忽略了最具实力的教师

[9]符德新．教师教育网联计划：教师教育的创新—教育部师范司司长管培俊就全国教师教育网络联盟计划答记者问[N]．中国教育报，2003-10-14．

[10]马克思．马克思恩格斯全集[M]．北京：人民出版社，1957．

教育，这无疑使教育界的一大损失，优秀的教师教育经验将流失。整个教育行业也失去了教师教育培养的主力军，这对未来师资的培养是极为不利的。一些综合性大学，对于建立教育示范学院的积极性不高，他们的主要目标是培养研究型理论的工作者。还有一些高校在转型的过程中，甚至会直接取消师范类教育专业，或者是削减招生量。尽管这些措施的实行，与我国中小学教师的供求关系变化之间有着密切的联系，但是却不可避免的导致了我国师范类教育专业的萎缩。从短期上来看，这种变革的出现可能不会造成严重的影响，但是从长远来看，师范类教育行业的萎缩必然会导致师资力量的紧张，这对我国教师教育行业的发展是极为不利的。

（三）二元分离，缺乏整合

教师教育职前、职后一体化，是我国“师范教育”转为“教师教育”的重要标志。对于教师教育来说，其应当涵盖职前、职后教育在内的一体化教育，在培养优秀教师的过车中，如果仅仅依靠职前教育是远远不够的。对于教师的培养，不应该要注重职前的专业素养教育，更重要的在职后对教师进行继续教育，始终保持教育的专业素养。

在实践操作中，我国教育事业的改革在对教师职前、职后的一体化培养中仍存在一些问题。对教师缺少职后的培训和形式化敷衍，是当前存在的最为主要的问题。出现这种情况的原因主要有两个：其一是教师教育制度和培训制度是否完善；其二是该项措施会涉及到教学学院诸多人的利益。[11]

从我国教师教育长期发展的情况来看，教师职前与职后赔偿长期处于二元分离的状态，这种教师培养制度只能弥补教师在学历上的差距，却很难在教师学术水平、科研能力和实践教学水平上有所提高。

对教师教育的改革，全面在高校中推行开放式的教师教育模式后，首先需要

[11]蔡首生．我国改革开放以来教师教育政策的反思[D]．长沙：湖南师范大学，2012．

做的就是解决教师教育职前和职后培养二元相分离的状态。需要注意的是，该项改革的实行必然会触及到一部分人的利益，如教育学院人员的岗位、职务、待遇、福利等，因此必须要妥善处理这些问题，找到恰当的解决方式。一些高校对教师之后培训的改革通常会采用“联合办学”“升格”“合并”以及“改制”等方式，这些改革方式存在很大的弊端，只是单纯的存在于教师教育制度的改革层面，却没有找到真正提高教师职后培训的正确方法。

三、我国教师教育模式转型研究

在对教师教育模式进行改革，将原来的封闭定向性转为开放非定向，需要满足三个条件。

第一，随着时代的向前发展与科学技术水平的不断提高，对教师的专业素养要求也不断提高，传统的师范学院教育的教育模式已经不能再满足人们对于教师的要求，因此必须要对该项教育模式进行改革。

第二，从教师数量的供求关系上来看，教师的数量已经能够高校的教学需求，通过专门的师范学院来培养教师已经不再是必需的。

第三，现代社会人们对教师职业有一定的向往，很对青年想要获得教师的职位，政府或是一些特定的机构已经不需要再通过较高的福利待遇来吸引人们加入教师职业。

从当前我国高校教师教育的发展情况来看，上述三个条件已经都基本满足，美中不足的是，这些条件都还不够成熟。

在借鉴了国外发展国家对于教师教育改革的成功经验，根据我国教师教育发展的现状来看，我们已经有如下思考。

（一）不宜实行完全开放的模式

美国是西方发达国家对教师教育改革成功的典型案例，他们所推行的是完全开放的教师教育模式，尽管美国对教师教育模式的改革取得了一些成就，但不可避免的在这次改革的过程中也出现了一些弊端。例如，国内综合性质的大学对于教师教育的专业设置，没有预期的热情；对于不同的大学来说，他们在设置教师教育课程的过程中，存在较大的差异；在学生完成教师教育之后，对未来的实习不够重视，出现严重的形式化倾向；在很多大学中，出现了高学术性与师范性结合困难的情况。正是由于上述情况的出现，使得英国、日本等发达国家，在对教师教育改革实行开放性模式的情况下，通常还会建立起一些独立定向的教师培养机构。

1952 年，我国建立起了独立定向型的教师教育模式。在实际的推行过程中，我国传统的师范制学校在培养优秀教师方面做出了重要贡献。他们积累了丰富的教师教育资源和深厚的理论知识。对这些宝贵的教师教育经验，我们要继承下来，不能随意丢弃，否则将是我国教师教育行业的一大损失。从总体上来看，完全开放式的教师教育模式与我国国情不符，我国教师教育市场发展空间很大，高等师范院校在其中承担着很大的责任。因此，我国未来教师教育模式改革的重点，应当是将定向性和非定向性相结合。对于我国六所部署师范大学和综合性大学来说，在教师教育模式的设置上应当采用“大学+师范”的形式，而其他的师范学院则应保持住自身的师范特色，独立进行教育课程设置，根据自身的教育资源情况制定相适应的教学措施，不能盲目跟风。

（二）切实提高教师职业的社会地位

想要吸引优秀青年进入到教师职业，为中国教育事业的发展做出贡献，其中的一个重要因素就是教师职业是否在社会中处于一个较高的社会地位。全面提高教师教育质量，前提必须要有优秀的青年主动参与到教师教育的培养中，接受教师教育，进而参与到教师的行业中，也只有这样，开放式的教师教育模式的优势才能显现出来。

但在当前的社会现实中，教师的地位仍然处于较为尴尬的地位。社会中的人们虽然对教师职业较为尊重，将老师看作是培养优秀接班人的导师。但是很对优秀学生在选择专业的过程中，如果有其他的选择方向和空间，那么教育教育专业通常都不会被人们所注意。从这里我们就可以看出，在我国社会的现实状况中，教师职业所处的社会地位实际上还是较低的，人们对于教师行业的尊重通常只是停留在了精神层面。

由此，提高教师所处的社会地位，是真正实现教师教育制度改革的重中之重。想要实现这一目标，需要做到两点。

第一，在全社会倡导调高教师的专业素养，通过推行恰当的方式是社会人士认可教师行业的不可替代性，肯定教师职业专业化的标准。

第二，不仅要在精神层面给予教师足够的尊重，同时还要切实提高教师的收入待遇。

如果教师的收入水平不能有很大程度的提高，那么教师职业就会对优秀青年失去吸引力，更多优秀的教师资源随之也会流失，教师教育模式的改革最终也不会实现。

从整体上看，我国教师职业的待遇长期不能得到提高，主要是由两方面的因素造成的。从内部因素上来看，大多数的教师专业化水平不高，大多仍处于中等的水平；外部原因是，长期一拉政府对于教育行业不够重视，每年所投入的经费不高。因此，想要改变提高教师在社会上所处的地位，增加政府对教育行业的支出是一项重要的有效措施。

（三）严格实行教师资格认证制度

从发达国家对教师教育改革成功的经验可以看出，必须要实行严格的教师资格证制度，这不仅可以有效提高教师的专业化素养，同时还可以有效保证开放型教师教育制度的顺利实施。西方的很多发达国家，对教师资格证的获得有着严格的要求。例如，在美国，大学毕业生想要获得教师资格证，就必须要在获得学位证书之后，再次接受专门的教师资格考试。在日本，甚至还实行了教师资格证书更新制度。

而在我国对教师资格的人认定，长期以来采用的都是学历或主修师范专业，学生在通过《教育学》《心理学》等师范类型课程的考试之后，就可以获得教师资格认定。近年来，针对教师资格的认定，我国很多地方也制定了一系列的改革措施，如福建、山东、河南、广东等省，对师范毕业生也进行了教师资格认定，但是与发达国家相比，在教师资格认定程序上还存在很大的差距。面对这种情况，我国未来对教师资格的认定程序必须要加以完善，并严格遵守认定程序，防止出现舞弊的情况。一些教育学家认为，教师资格的认定程序可以先从基础技能、教学技能、教育技能、教研技能，这四个领域开始着手。在借鉴了发达国家对教师教育模式改革的成功经验上，我们认为我国对教师资格认定的改革可以从两方面着手。

第一，严格新教师资格认定程序，将其作为优秀青年进入教师职业的硬性规定。

第二，定期对教师资格证书进行更换，或是重新认定，有利于全面提高教师的专业化水平，培养更为优秀的高素质人才。

第三节　教育质量的提升推动教师教育转型

随着时代的不断发展，人们对于教育质量的要求不断提高，基础教育课程的改革不断深入，对传统的师范教育进行转型已成为教育发展的大趋势。从教育制度的变革方面来看，师范教育的转型主要有三方面的功能，即教师教育一体化、教师教育开放化、教师职业专业化。[12]所谓的教师教育一体化，指的是将教师的职前培养、入职教育和在职培训教育协调统一起来，相互兼顾，这是对教师教育内涵的标准界定。该界定是对我国传统教师教育制度的一大变革，改变了以往教

[12]刘微．教师专业化：世界教师教育发展的潮流[N]．中国教育报，2002-01-03．

师职前培养与之后培训相分离的情况，是对师范教育内涵的拓展，同时也是对师范教育内涵的延伸。实现教师教育开放化，指的是不仅仅再依靠高等师范院校或是教育学院来培养新的教师，拓展了教师的培养阵地，让其他高等综合性大学也肩负起了培养教师的重任。教师教育开放化的实行，是对师范院校和非师范院校在制度上的淡化，削弱了人们对于“师范性”与“学术性”的长期争论。教师职业专业化指的是，教师作为培养祖国下一代的教育者，不仅要对本学科的知识内容有丰富的储备，同时还要考取教师从业资格，教师的职位要负荷职业规范的要求。逐步提高教师的综合水平，提高小学教师专科毕业、初中教师本科毕业、高中教师硕士研究生毕业的人数比例，全面提高教师的学历。为了全面提高教师的认知资格，教育部门也进行了一系列的改革，将原本师范院校的三级改为了二级，并为培养优秀的硕士教育人才制定了多项优惠政策。从国家重新对师资培养目标进行定位上，我们可以看出，中国的教师教育制度正在进行更为深刻的改革，教师的社会地位和专业化水平得到了很大程度的提高。

一、教师教育质量的提升

人们对于师范教育的定位，就是对教师进行的教育。从我国师范教育发展的长期历程上来看，师范教育主要是对教师进行职前教育，通常会采用封闭式的教育教育模式，主要针对其未来教授的学科进行专业的培养。师范教育对于教师的这种培养模式，已经不能再满足时代的发展要求。在北京师范大学建校 100 周年大会上，相关人士提出：“要进一步建立和完善适应我国教育发展需要的开放灵活的教师教育体系，努力造就一支献身教育事业的高水平的教师队伍。全国各级各类师范院校，都要适应新形势新任务的要求，深化改革，锐意进取，为建设有中国特色教师教育体系做出新的贡献。”[13]2002 年，教育部下发的《教育部关于“十

[13]叶澜．新世纪教师专业素养初探[J]．教育研究与实验，1998(01) ：41．

五”期间教师教育改革与发展的意见》则更明确地提出：建立“在终身教育思想指导下，按照教师专业发展的不同阶段，对教师的职前培养和在职培训一体化”，“以现有师范院校为主体、其他高等学校共同参与，培养与培训相衔接，体现终身教育思想的、开放的教师教育体系。”

整体一致性是我们对教育教育的基本要求，也就是说，教师教育必须要注重专业化，这是培养优秀教师的前提条件。所谓的整体性指的是，教师教育应当被看作是一项系统的工程，是由多个环节共同构成的，不仅要对教师进行职前培养，同时还要加强对入职教育和职后培训工作，全面提高教师的专业性。对于师范院校来说，在培养教师的过程中，不仅要注重对教师的职前培养，更要加强对这些教师的职后培训；对于各级教育学院来说，不仅要对教师进行职后继续教育，同时还要加强对教师进行职前培养工作。为了培养更为优秀的师资力量，一些综合性大学专门开设了教师教育专业，其目的是为学校培养更多的教师人才，注重培养教育硕士，提高教师的学历。

对于教师的专业性来说，其不仅指的是教师教育是一种职业教育，其还是一项专业性教育。随着人们对教育要求的不断提高，专业化已经成为对教师职业的基本要求，从内容上说，教师的专业化主要指的是三方面的内容。

第一，教师要拥有丰富的专业学科知识，也就是说，教师应当具备教授相关学科的专业能力，对教师的学历提出了较高的要求。

第二，教师要具备专业的教育科学素养，要紧跟时代的发展，掌握最新的教育理念，用先进的科学技术知识武装头脑，全面承担起教书育人的重任。

第三，教师要具备专业化的职业道德，也就是说教师应明确自身所承担的职责，努力提高自身的思想道德水平使之与教师的职业相符合。

实现教师教育的开放性指的是，用开放非定向型的教师教育模式取代以往的封闭定向型的教育模式。从世界上教育发达国家的总体发展历程上来看，对于教师的培养几乎都经历了相同的发展阶段，即师范院校——综合性法学教育学院——“大学+师范”。从当前我国教师教育发展的现状来看，我国教师教育的改革处于在向第二个阶段过渡的阶段。因此，向要彻底提高我国教师教育水平，最后进入教师教育发达阶段，还需要较长的一段时间。

终身性指的是，对于一名教师来说，其必须终身进行学习。随着经济的不断发展与科学技术的进步，人们对于教师不断提出了新的要求，教师不仅要掌握国际上最为先进的教学理念和教学方式，同时还要不断提高自身的职业道德修养，提高自身的综合素质，这样才能为社会培养出紧缺的人才。

二、教师教育理念的发展

从当前我国教师教育发展的总体形式上来看，教师教育的转型还有很长的一段路要走，在转型的过程中，必定会遇到很多的困难，但同时，我们也要善于抓住改革路上稍纵即逝的机遇。从现阶段我国的国情上来看，想要实现教师教育的开放化模式，在短期时间内还不能完全实现，因此，未来培养教师的主阵地仍然是传统的师范院校。从师范教育转型的意义上来看，其不仅是学校自身的发展问题，更重要的是要探索未来我国教师教育的发展模式。为了解决这一问题，我们需要做到以下几点。

第一，教育进行改革，首选要做的就是要对办学理念进行更新，这对教育改革完成具有至关重要的作用。对于教育工作者来说，其必须要对当前的教育模式有全面且正确的认识，要吸收国外先进的教育思想，打破传统教育思想的束缚，认识到对师范教育进行转型的重要性，对以往我国教师教育模式进行反思，同时对国外先进的教育教学理念进行融入和吸收，从而最终制定出适合我国国情的教师教育理念。

第二，更新教育教学理念。应当明确的是，进行教师教育的主要目的并不仅仅是教授学生基本的学科知识，而是需要教师掌握最新的科学教育理论，能够教授学生最新的科学技术知识，全面提高学生的综合素质，培养学生的创新和实践能力。实现教师的专业化，这是教师教育的理想目标。该项目标的制定，对于克服师范学院中原本存在的“非教育化”，和一些综合性大学教育专业的“非教师化”，都具有重要的作用。

第三，要更新教学管理模式。在对教师教育不断推进开放化的过程中，长期存在与教师教育封闭式的模式必然会遭受冲击。因此，必须要运用最新的教学管理模式，建立一个“动态”的教学管理体系，这样才能满足时代对于教师的发展要求。

在确定教师培养目标之后，接下来就要制定相应的教师培养模式，这样才能保证教育目标的实现。因此，高等院校作为我国教育事业的带头人，必须要制定正确的教师培养目标。从教师教育水平发达的国家来看，所实行的教师教育模式主要有三种：

第一，非定向型培养模式，是由国内的一些综合性大学和文理大学所制定和实行的。

第二，定向型培养模式，一般来说国家所设立的高等师范学院会使用该种模式。

第三，合作型培养模式，指的是通过制定协议的形式，一些独立的师范学院和综合性大学共同来对未来的师资力量进行培养。

例如，学生在获得学生学位之后，还需要到专门的师范教育机构进行 1～2 年的训练，这样才能在最后毕业的时候获得教师资格证书或是硕士学位证明。同时，学生还可以在接受本科教育的过程中，进入到专门的师范教育机构对教育科目进行学习，这样才可以取得教师资格证明。在过去很长的一段时间，我国教师的培养都是通过第二种形式来实现的。但是对着人们对于教师质量要求的不断提高，以往所采用的封闭型的教师培养模式已经不能再满足人们的要求，因此必须要对这种教师培养模式进行变革，建立科学的培养模式。需要注意的是，现代教师教育模式的转型是一个长期的过程，不可能在短时间内实现。

三、教师教育师资的培养和队伍建设

在对师范教育进行改革的过程中，如果想要获得更好的成绩，就必须要对教师教育提出更高的要求。从一定程度上可以说，教师教育的最终结果，会受到教师师资水平的决定性影响。从当前学术界对于教师教育的研究来看，对于该项目的研究还不够深入，因此在对教育教育改革的过程中就没有成功的案例可以借鉴。因此，在对师范教育进行转型的过程中，必须要重视对教师教育师资的培养，同时还要做好教师教育师资队伍的建设。从整体上看，可以从两方面入手来加强教师教育的师资队伍建设。

第一，要具有规划性，逐步完成计划步骤。应当明确的是，对于教师教育师资的培养和队伍的建设，是一个长期的过程，短时间内不能实现。因此，对于那些高等院校来说，为了培养优秀的教师教育师资队伍，应当制定一个完善的计划，对从事教师教育的师资制定相关的优惠政策。教师在在职的过程中，为其提供专业进修的机会，同时还需要为这些教师提供攻读学位的机会，对他们进行短期的培训，提高教师的专业素养。为实现这一目标，可以从以下几方面着手：培养优秀的教师教育学术带头人；定期对在职教师进行专业培训，提高他们的专业技能；选拔和培养具有潜力的师资后备力量，切实完成教师教育的师资培养目标。

第二，要培养教师队伍勇于探索和与时俱进的创新精神。与教育教育较为发达的国家相比，我国对教师教育的转型开始的实践较晚，并且对于教师教育师资力量的培养没有可以借鉴的成功案例。因此，这就要求在对教师教育进行改革的过程中，必须要具有探索与创新精神，根据当前教育的实际情况，积极探索适合我国教育事业发展的教师教育师资培养模式，全面提高我国的教师教育师资力量。

第二章　义务教育阶段教师教育转型发展的理论基础

第一节　教育均衡发展理论

一、教育均衡发展理论概述

（一）均衡教育理论

教育公平对于人的发展公平性具有重要的保障作用，可以说与公平是公平发展的发端，智力的平等发展是人们能够平等的在社会中存在，如果教育公平不能实现，社会公平无法保障。教育公平受到世界各国政府的普遍重视，是各国制定各种政策的原则性要求，受教育权不仅是人生存的社会上的基本权利，也是保障人的后续发展的基础性保障，在缩小社会差距方面具有不可替代的作用。教育是一项涉及全人类利益的事，在国家的发展和进步过程当中，政府要给予教育足够的支持，从各方面采取措施，创造良好的教育氛围，保障教育公平的实现。

教育均衡发展是实现教育公平的基本保障性要素，教育得到均衡的发展，教育公平才有可能实现。义务教育作为我国法律规定的每个人必须接受的教育，也是推进教育均衡的发展的主要阵地，从这个意义上来说推广义务教育的均衡发展对实现教育公平的实现同样具有不可替代的作用。我们所说的“教育均衡”

实质上是指“在教育公平思想和教育平等原则支配下，教育机会和受教育者在教育活动中具有平等待遇和理想，以及确保其实际操作的教育政策和法律制度。”教育均衡实际上是一种理想状态的追求，在教育的实际发展过程中，由于各地客观条件的不同，教育的发展的均衡性必然会受到不同程度的影响，甚至在统一地区的不同学校之间由于教学资源的差异，其教学质量都会存在比较明显的差异。我们应该从广义上理解教育均衡发展，追求一种总体局面上的平衡，将各地学生入学机会等教育发展的前提性条件作为衡量的指标，不能将质量作为衡量教育均衡发展的唯一标准，因为广义上的教育均衡发展更注重人们平等接受教育的机会。

（二）均衡教育理论的理解

美国哲学家罗尔斯在他的著作《正义论》里写道：“对公平的理解有三种：一是机会公平，二是过程公平，三是结果公平……市场经济条件下，在经济领域里要坚持效率优先、兼顾公平，各种生产要素按贡献参与分配，在收入分配时并不刻意追求结果公平。”教育公平和教育均衡二者本位一体，是同一件事物在不同维度和范围领域的表现，具有天然的相似性，当然二者的区别我们也不能忽略。

(1) 现代教育的两个基本特征我们必须有一个明确的认识，即教育的普及型以及教育的民主化。每个人都应该接受教育，获得向更高智力层次、社会层次迈进的机会。教育作为最能体现这会公平的要素之一，在社会发展中的作用无可替代，教育公平最先体现在受教育权的保障上，即受教育机会的获得，每这是教育公平实现的前提。每个人的生活环境与性格特点是有差别的，这些因素对教育公平有很大的影响，当然区域经济状况所创作的入学也是受教育权利能能够得到保障的基础。从国际上来看，无论是经济发达的国家，还是经济发展相对滞后的国家，都通过法律对儿童接受教育的权利给予了保障，因此对教育公平予以保障，是每个国家都在努力实现的目标。为了保障我国少年儿童接受教育的权利，我国新修订的《义务教育法》规定："义务教育是国家统一实施的所有适龄儿童、少年必须接受的教育，是国家必须予以保障的公益性事业……凡具有中华人民共和国国籍的适龄儿童、少年，不分性别、民族、种族、家庭财产状况、宗教信仰等，依法享有平等接受义务教育的权利，并履行接受义务教育的义务。"从深层意义上来说，教育公平反应的是整个社会体系的公平程度，我国的《义务教育法》的规定集中体现着社会主义的公平性，将其作为一项义务列入法律当中，这是对受教育权利最大的尊重与保障。在义务教育法的促进下，我国少年儿童受教育的权利得到最大的保障，国家通过加强学校建设，保障儿童受教育的权利和机会，并尽可能地让他们接受高质量的教育。

(2) 义务教育除了要保障受教育者基本的受教育权利，为其提供受教育的机会外，还必须保障教育过程的公平。从经济学角度来说，教育的公平与社会物质水平有很大的联系，首先必须有足够的学校设施来保障适龄儿童的受教育机会，其次必须有足够的师资力量保障教育的质量。义务教育从经济属性上来说是一种公共产品，它没有竞争性，也不具备排他性，因此义务教育的发展主要靠物质投入和人们接受教育的意愿影响。教育公平从某种意义上来说，就是物质投入的公平与均衡，足够的基础设施，足够的师资力量，就能从根本上解决教育公平问题，但由于各地实际发展状况的差异，这种情况很难实现，绝对意义上的教育公平也没办法得到保障。

(3) 从历史的角度研究教育公平我们可以得到这样的结论：教育公平的实现是分阶段逐步实现的，其过程与生生产力的发展相适应，必须经过一个相对较长的发展过程。教育公平从来都不是绝对的公平，从整体保证教育的相对公平是实际发展过程中我们追求的目标。公平是一种主客观因素综合之后人们对某种事物的判别的结果，鉴于主客观要素的变化性，我们只能从二者相对稳定的某个历史范围内对教育公平进行评价，得出其公平性的实现程度，如果将北京、上海等大都市的教育与偏远山区的教育进行对比，我们永远都不会认为教育是公平，因此公平是相对而言的。我们不能笼统地说教育是公平的还是不公平的，在对教育公平进行描述是，我们通常关注的是教育公平的实现程度，比如某某地区在某一时期教育机会得到保障，教育质量有所提升，教育的发展处于整体公平的状态。

(4) 现阶段，我国的义务教育在管理上采取“以县为主”的管理体制，县域教育发展的均衡性与公平性是衡量一个国家或者地区教育发展的基本单位，以县为单位，实现县域教育公平，意味着我国教育实现了整体上的相对公平。县级政府在推进教育均衡发展的过程中有着非常重要的作用，尤其是在农村教育发展，缩小农村、城市教育差距方面有着不可替代的作用。国家制定各项政策，县级政府是保证各项政策落实的基础性单位，如果县政府对政策的解读与施行出现问题，政策的施行就得不到实际的效果。我国教育公平性的保障需要县级政府单位大力宣传与推广义务教育，尤其是在偏远山区，这些地方受教育权利的实现是保证教育公平最为重要的缓解，这些地区少年儿童的受教育权利得不到保障，那么教育公平永远不可能实现。

二、义务教育均衡发展的现状分析

我国义务教育发展实际上还存在很多问题，发展的均衡性并没有得到保障，最为突出的表现是城乡教育、区域教育之间发展的差距。我们知道由于各种因素的影响，教育发展的均衡性很难得到统一的保障，教育差距在很大范围内存在，这里我们将对义务教育发展的差异进行分析。

（一）区域差异与城乡差异

义务教育阶段发展的不均衡性最突出的表现就是城乡教育的发展差异。2006年我国曾经对义务教育进行过调查，并发布了，这一次报告是在对全国2800多个县区义务教育行政区域的教育发展状况进行调查的基础上完成的，调查的内容主要是区域内教育资源的配置以及教育差异的状况。《国家教育督导报告 2005》指出：“截止到2004年，我国东中西部义务教育阶段的经费投入、办学条件、师资水平依然存在着较大的差异。全国尚有 113 个县(区) 的小学、142 个县(区) 的初中生人均预算内公用经费为零，其中 85%以上集中在中西部地区。在教学仪器设备和高水平教师配置上，城乡差距较为明显。农村小学、初中生人均教学仪器设备值普遍偏低，不能满足基本教学要求；农村小学、初中生人均教学仪器设备值普遍偏低，不能满足基本教学要求；高水平教师所占比例分别比城市低 8.9 和 14.5 个百分点。”在教育的发展水平上，城市地区基础设施建设好，教师的整体素质高，教师的数量多，教育发展状况处于良性循环当中；而农村地区由于经济发展相对落后，学校的基础设施建设较差，教师素质不高，并且大量流失，农村地区的教学质量不升反降，影响教育公平的实现。[1]

(二) 校际差异与人群差异

我国教育监督团队的报告表明，义务教育政策实施之后，我国少年儿童受教育的机会得到了保障，但从教育资源配置的均衡性却没有得到改善，在实际教学当中各地教育水平差距较大。比如在农村地区教学资源不足，教师数量难以保证，教师的学历水平较低，经验丰富的教师纷纷向城市地区转移，这造成了农村地区学生数量达不到班容量要求，教师流失更加严重，陷入教育质量和教育条件不断恶化的循环当中。就校际均衡问题来说，重点学校非重点学校的差异很很大，重点学校学生和家长趋之若鹜，非重点学校无人问津，招生数量不足，在这种巨大的反差之下，我国教育的公平受到了影响，教育资源的配置出现了严重的失衡，这不仅是学生与家长价值认识的问题，政府在教育引导上也存在多不足。[2]

---

[1]曹慧英．我国小学教师专业化发展战略与路径选择[J]．教育研究，2014(03)：17-18．

[2]叶澜．新世纪教师专业素养初探[J]．教育研究与实验，1998(01)：12-13．

三、义务教育均衡发展的对策

推进义务教育的均衡发展，是践行科学发展观，全面建设小康社会的重要组成部分，和谐社会的建设离不开教育的均衡发展。《义务教育法》是教育领域的专项立法，它对义务教育的发展及其发展的均衡性做了明确的规定，政府是教育均衡发展的领路人，具有不可推卸的责任，有义务在现有教育制度与政策的基础上，采取更多的措施保证教育的均衡发展。

（一）强化政府的教育责任

推进义务教育的均衡发展，要求全党上下和各级政府机关，全面认识与理解教育均衡发展的深层意义，充分认识到推进义务教育在社会主义现代化建设中的重要意义。普及九年义务教育已经在我国基本实现，当前我国青少年平等接受教育的权利得到了广泛保证，接下来政府部门要在促进教育资源的合理分配，促进城乡、区域教育工作的协调发展，保证和谐社会的建设。就发展策略来说，各级政府要科学划定教育工作开区域，以区域为基础推进义务教育工作的开展，努力保证教育发展的均衡性。从措施层面讲，地方政府要下大力量改善办学条件，提升学校数量，增加落后地区教育投入，改善不发达地区师资水平，集中资源和量建设优质教学措施。对于贫困家庭，政府要做好帮扶与关怀，对弱势学生群体给予足够的关注，使他们能够后顾无忧的参与到教育活动中。

（二）建立和完善义务教育均衡发展督导评估制度

推进义务教育的均衡发展必须鉴定的执行党和政府的各项决议，调整教育资源的合理配置，相关部门要加大对义务教育的发展督导，保证义务教育能够沿着规划的路线发展。

1．加快教育均衡发展督导机制建设

为了更好地促进我国教育的均衡发展，让每一个适龄儿童享受到社会进步带来的福利，教育部了《关于进一步推进义务教育均衡发展的若干意见》中提出(简称《意见》)，《意见》规定：“国家教育督导团要建立义务教育均衡发展督导评估制度，完善督导评估指标体系，对各地义务教育均衡发展状况进行评估，对各地推动义务教育均衡发展的工作开展督导检查，并将评估检查结果作为评价地方教育工作的重要指标。”各级政府是教育发展督导制度执行的主体，每一个部门都要结合客观条件，履行好自己的职责，不仅要保证义务教育工作的良性开展与循环，还要构建严谨的教育均衡发展督导制度，促进我国教育均衡工作的进一步开展。

2．开拓思路，用于创新

随着我国经济和社会的不断发展，我国教育工作的开展环境有了很大的变化，各级政府部门必须要认清形势，开拓思路，以创新的思维方式去考虑问题，保证均衡教育工作开展的与时俱进。在教育督导工作的开展的过程中，要充分认清客观条件的变化和主观要素的改变，创造条件促进教育工作的均衡开展。教育发展督导团队是督导制度的核心要素之一，要不遗余力的培养教育督导人才，发掘一批思想先进，头脑灵活，勇于创新，开拓进取的年轻干部，优化教育督导团队的建设，为督导机制的长期运行打下基础。

3．宏微观结合，双管齐下

实践证明，就中小学办学督导评估来说，如果我们只从微观层面对办学工作进行评价，会发现区域义务教育的均衡发展是不可能实现的，因为各种条件的限制，从微观层面来说难以实现均衡发展；如果我们只从宏观层面对办学工作进行评价，由于各种要素的中，区域教育总以某一种状态呈现均衡发展的势头。因此我们不能单纯从某一个侧面来对其进行分析，要将宏观与微观结合起来，既要看到换上的均衡，又要主义微观层面的差距，从而找到思路，促进办学工作向着均衡的方向发展。

（三）推进中小学标准化建设，实现规范化办学

根据经济和社会的发展状况来制定合理的教育均衡发展目标与发展策略，是扎实推进我国义务教育均衡发展基础。政府对教育均衡工作的开展应该给予财力、物力的帮助，为教育的发展提供一个相对工作的环境，为经济落后地区的教育工作开展打下良好的基础。在教育发展的过程中，每个不同的教育发展阶段都会出现这样或那样的问题。在解决这些问题的时候要遵循循序渐进的原则，为学校的发展和教育工作的发展给予充分的支持和保障。

1．义务教育办学基准

九年义务教育是各级政府的重要工作内容之一，政府应在国家政策的帮与感召之下，提升我国九年义务教育的建设门槛，提升义务教学的办学质量。想要加强义务教育的办学质量首先要保证资金的投入，为牛年义务教育的发展提供一个良好的开端。此外，在经济基础薄弱的地方要定期开展教育扶贫，组织城内学校和老师去经济欠发达地区的学校进行教育、教学活动，提升农村地区的教学质量。

2．农村义务教育经费少

农村地区经济发展水平与城市地区有较大的差距，在当前的教育制度之下和教育框架之下，经济水平发展滞后的地区在教育投入上的资金也比较少，学校基础设施得不到有效的改善，师资力量得不到有效的较强，教学资源得不到有效更新，这导致地区教育落后于城市地区。

3．农村义务教育学校教师编制基准

教师是开展教学活动的主体，也是提升教学质量关键因素之一，农村地区由于基础设施建设不足，教师待遇得不到提高，很难吸引高水平的教师任教。针对这一情况，教育部门要有针对性培养乡村教师，组织现有乡村教师进行职业能力提升培训。此外，要保证农村地区教师的待遇水平，吸引更多的教师来农村地区

任教。

4. 义务教育教学质量基准

为了提升义务教育阶段的教学质量与教学水平，要科学制定教学质量评价体系和评价标准，根据评价的内容逐步提升不发达地区的教育水平。建立科学教学质量评估制度，要建立在教育良好、稳定发展的基础上，即政府部门为农村教育的发展提供足够的资金支持与政策支持。

以国际教学质量评估体系为例子，我国可以指定类似的评价标准，从而为高质量学校和教学工作的开展您提供标准。建立教学评估体系的目的不仅仅是为了建设提供标准，更多的目的是根据评价标准得出我国义务教育发展的不足，从而有针对性地制定政策、采取措施，改善当前我国教育相对滞后的局面，为全面建设高质量的社会主义义务教育体系打下良好的基础。此外，要选拔一批能力强、思想先进的积极分子到教育落后地区任职，通过他们的带动保证各项政策的实施，提高教育质量。

（四）进一步缩小义务教育阶段的区域、城乡和校际差距

1. 实施区域内教育资源共享、物质资源共享

图书阅读、体育活动、课外培训是提升学生综合素质的重要方式，在农村地区和经济不发达的地区开展这些活动的基础设置建设不完善，阻碍了教育质量的提高。为了充分利用教育资源，激发教育资源的潜在力量，地方政府可以引导将教育相对发达地区的教学资源进行共享，最大化利用现有资源提升教育的质量。网络是获取信息的重要途径，现代教育要充分利用网络资源提升教育质量，农村地区加快网络建设的步伐，建立网络教师，增长学生的见识。

2. 督促各级教育行政部门进一步调整经费支出结构

要重点支持农村地区和经济不发达地区教育工作的开展，普及九年义务教育，加大对这些地方的经济支持，提升教育、教学的质量。

针对农村地区和经济欠发达的地区，要建立专项经费支出，保证这些地区的教育发展。完善经费的筹措方式与筹措渠道，要千方百计保证教育经费的筹措，加大农村地区教育工作的投入，切实改善我国农村地区的办学条件和教学水平。各级政府与教育部门要保证政策的实施和到位，监督各项政策的执行与经费的落实情况，最大限度地保证教育资金的得到有效的利用。

3. 治理薄弱学校，扩大优质教育资源，缩小校际差距

集中力量对学校的薄弱环节和教育弱势学校进行改造，加快学校改造的步伐，缩短薄弱学校转变的进程，保证教育质量的提升。在经费不足，基础设置建设相对薄弱的需要，政府应该给予一定的政策倾斜，城市教育专项费用要优先给这部分学校使用。对于处于优势教学区域的学校，要充分发挥其优势教育资源的潜力，对薄弱学校进行定向的帮扶，可以采用教育整合、学校合并、资源共享等方式。除此之外，为了更好地集中力量和资源对学校进行改造升级，要大力改善城市基础设施建设，完善欠发达地区的基础设置建设，在完善学校硬件条件之后，保证学校能够有足够的吸引力吸引优秀的教师来校任教，这与学校所处区域的基础设置建设有着密切的关系。

4. 加大推广力度

“把大力发展农村现代远程教育作为推进义务教育均衡发展的重要措施来抓。加大教育资源开发和整合的力度，促进城乡义务教育优质资源的共享”。大力推动现代教育技术在教育教学中的应用，能够提升教育、教学的现代化，对于提高教学质量有重要的意义。

（五）对各种处境不利的弱势群体采取补偿措施

切实保障弱势的学生群体能够切实的享受到高质量的教育，缩小不同受教育群体之间的教育差异。坚决落实国家的各项教育优惠政策、扶贫政策，对弱势群体学生给予切实的保障与关怀，使他们能够平等的享受接受教育的权利。建立有

效的农村地区贫困学生帮扶制度，对于家庭困难的学生要高给予必要的资助和生活补助，是贫困学生能够将精力集中到学习上，通过接受教育改变自己的命运。进程农民工子女受教育问题一直是社会关注的焦点与重点，政府部门要坚持以人为本的思想，为进城务工人员子女提供良好的教育保障，对所有适龄儿童一视同仁，让他们快乐的享受学习带来的快乐。留守儿童问题也是当前社会关注的一个焦点，父母进程务工，子女留守农村，这些孩子的教育问题应该得到社会的重视，他们受教育的权利也应该得到尊重，地方政府要尽最大力量为留守儿童创造条件解决他们受教育的问题，并建立相应的留守儿童档案，关注他们的心理健康，使他们阳光的投入学习当中。

（六）深化教育体制改革，推进教育制度创新

1．规范办学行为

我国法律规定义务教育阶段学校要对所有适龄儿童免试开放，并且要就近收入学生，不能助长制“择校风”和“校中校”等不良教育现象的发生。要坚持以人为本的发展理念，促进学生的全面发展，致力于教师按职业道德与职业能力的全面提升，建立符合现代精神的教育体系。在教学过程中，学生成绩仅作为学生学习成果的检测，教师不对学生的成绩进行排名，防止在义务教育阶段发生“重点班”“奥赛班”等教育不正风气的蔓延，平等的对待每一个接受教育的学生。

2．深入推进基础教育课程改革

全面推进素质教育，提高我国教育教学质量，依靠政策的引导与扶持为教育、教学质量的提高提供良好的环境与基础。对教育体系要给予全面的评估，科学对其进行定位，根据现实条件科学推进义务教育的发展进程，实现教学质量的全面提高。学校要认真执行国家的相关教育政策法规，为学生创造全面的发展环境与发展空间，促进青少年德、智、体、美全面发展，不能只顾文化学习，忽视学生其他能力的培养与教育。要以全体学生为基础，制定具有普遍意义的促进措施，让学生快乐的学习，不断提升自己的文化知识水平，实现全面发展。

3．建立义务教育均衡发展的监督机制

各级政府和教育部门要根据当地的实际状况制定符合地方实际情况的教育发展政策，无论从教育经费的保障还是从教育人才的培养上，都要给予充分的帮助，为教育的发展提供良好的基础。义务教育工作的负责人要定期明确当地义务教育的发展状况，出现的各种问题时的解决，并及时向上级部门汇报相关的开展状况。

第二节　教师教育理论

教育是国家发展的基础，教师是发展与教学质量提升的关键要素，从微观层面来说，教师与我国教育质量的提升有着直接的联系，这也符合人在客观事物当中主观能动作用的规律，有严谨的哲学基础。在研究教育与教师的过程当中，我们要充分认识教师在教育当中所发挥的作用，还要明确教师专业队教育发展的意义，理解教师教育一体化的发展趋势。21 世纪的竞争是科技的竞争，也是人才的竞争，如果教育系统不能为国家的发展培养具有竞争力的创新人才，对国家未来的发展会造成重大的影响。教师作为培养人才最直接的主体，在人才的培养中发挥着不可替代的作用，关注教师、关注教师教育是我国社会主义教育事业发展不可忽略的一个环节。

一、教师教育

教师教育的一个集合性质的术语，一般情况下是指对教师进行培养与技能培训的同城，它是从师范教育领域引申出来的一个词语。1681 年，法国天主教神父拉萨尔针对任教的小学老师创办了专门用于教师技能培训的“教师讲习

所”，这是最早的专门进行教育能力培养的机构性组织，这一机构的成立，拉开了教师教育的畜牧，人类的知识传承得到了很好的保证。19 世纪 80 年代，美国最先成立高等教育类教师培养组织，即亚拉巴马州师范学院，这是高等教育开始从事教师培养的开始。我国的教师培养组织是在 19 世纪末期成立在上海的成立的南洋公学，师范教育的称谓和内涵也都大多源于这所学校，该学校的创办者是盛宣怀，我国著名的教育家。就现阶段来说，我国直到 1990 年前后才逐渐引进教师教育的理念，并逐渐用这一理念代替传统的师范教育，开始注重教师发展的专业化、一体化与连续。2001 年 5 月国务院出台的，《国务院关于基础教育改革与发展的决定》对教师队伍的发展给出了明确的规定：“完善教师教育体系，深化人事制度改革，大力加强中小学教师队伍建设”。这是教师教育的概念首次在政府文件出现，至此教师教育理念成为我国现代教师培养体系的指导理念。实际上教师教育理念虽然更具现代色彩，但从其核心要素来看，与传统的师范教育有密切的联系，可以说教师教育理念是师范教育的与时俱进，对教师职业的发展具有重要的意义。

1955 世界教师专业组织会议上，与会成员首次对教师专业化问题进行了探讨，这是教师组织专业化概念的首次提出。1966 年负责教育的联合国教科文组织与国际劳工组织联合发布了《关于教师地位的建议》这一文件，改文件首次正式对教师的专业化进行了界定，并给出了相应的解释：“应把教育工作视为专门的职业，这种职业要求教师经过严格的、持续的学习，获得并保持专门的知识和特别的技术，它是一种公共的业务。”1996 年第 45 届联合国教科文组织国际教育会议上与提出：“通过实施高水平的初期师范教育和终身职业的专业发展，创设多样化的以适当的评价体系为支撑的职业结构，以及提高教师的物质和社会地位，以提高教师的专业化。”1986 年，我国将教师列入“专业技术人员”的队伍，这是对教师能力与地位的肯定，在随后颁布与完善的《教育法中》对教师专业技术人员的性质进行了明确的规定：“教师是履行教育教学职责的专业人员。”在现阶段想要保证教师专业化的发展不仅需要社会各界的共同努力，还必须要树立与时俱进的思想，丰富教师教育的内涵，拓展教师教育的外缘，让终身学习的理念深入教师与学生内心，促进教师教育的发展与教师专业化的提升。

二、教师教育专业化

（一）教师专业化必然要求教师教育专业化

教师教育的专业化属于教师专业化的一个组成部分，当然它也是实现教师专业化的最终要的一个组成部分。教师职业的主要职责是通过自己的讲解将自己掌握的知识传授给学生，可以说教师肩负着将人类的智慧成果传承下去的重要职责，是人类文明得意延续的重要保障，是社会生活中教师通常受到人们的尊敬，具有较好的社会地位。从教师专业化的角度探讨教师教育的专业化，我们必然绕不开教师教育专业化训练组织与结构，在教师专业化的影响，教师教育正在朝着越来越专业的方向发展。教师教育专业化培养的目的是改善教师的教育、教学能力，提升其对专业能力的驾驭能力，使其转变为具有很强专业性的专业从业人员。

（二）教师教育专业化的发展进程

从世界教师的教育角度来看待教师教育的专业化，我们要首先对教师专业化有一个系统的认识与理解。之前我们提到过联合国教科文组织与世界劳工组织共同出台的文件，首先对教师的专业性提出了要求，并认为教师是一个专业很强的工作岗位。1986 年从霍姆斯协会在《明天的教师》报告更是将教学从行业转化到专业发展的路径上来，同年卡内基教育促进会发也针对教师的专业化发展进行了评析，并得出了《国家为 21 世纪准备教师》的报告。这两份重要在教师培养领域具有重要的意义，公共教育是能为学习者提供基本的生活保障，近年来由于我国各项经济发展使得社会结构发生了重要的变化，我国以此为依据对《教师法》进修改我爱与发展，我国教师法规定。”这一法律规定也明确了教师的职业性质，也是对教师主要功能与价值缩影。1995 年，我国逐渐开始对师范类教育教学的专业性，教师教育的专业性进行重视。2000 年我国教育部新版了文件《教师资格条例〉实施办法》，该条例对我国教教师资格的获得给予，明确的规定，这是我国教师在专业化发展与培养上走出的重要一步。2001 年我国国务院颁布《国务院关于基础教育改革与发展的决定》中提出；“要完善教师教育体系，深化人事制度改革，大力加强中小学的教师队伍建设”。这意味着教师教育理念成为我国教师培养领域的指导性思想，也是奠定了在未来的教育发展和社会发展中，教师专业化的重要地位。

三、教师教育一体化

(一) 终身教育思想要求教师教育一体化

20 世纪 60 年代之后，终身教育理念逐渐为人们所认识，并不断与教育理论相结合，不仅在学习领域产生了强烈的共鸣，在教育教学领域也引起了抢了的反响。教师教育发展的一体化实际上是指教师能力的一体化，每个教师都要秉持终身学习的理念，不断提升自己的专业知识水平与教学技能，为教育的发展与改革提供坚实的保障。教师终身学习不仅要针对自己的薄弱环节，还要继续强化自己的优势，将自己打造成一个特色突出、能力全面、的优秀教师。教师一个需要责任心的职业，一旦踏入教师这个行业必须时刻紧跟时代发展的步伐，将专业知识高效率的教授给学生，这就需要教师树立终身学习理念，不断地进步。

(二) 教师教育一体化发展的进程

20 世纪 50 年代以前，各个国家的教师教育都是指教师在从事教学工作之前的教育与培养，当时没有任何一个国家和地区对入职之后的教师进行专门的培养与提高，教师的继续教育领域基本上处于空白状态。教师的成长并不是一蹴而就的，需要经过教师长时间的经验积累才能成为一名合格的教师。马克思主义哲学认为事物是不断变化发展的，教师积累的经验和掌握的技能会随着社会环境的改变而发生变化，如果教师没有终身学习的理念，不对自己的经验和知识进行总结，将很难适应新形势下教育的发展。从某种程度上来说，入职之后的职业培养与教育比教师入职之前的教育更为重要，因为这关系教师和教育事业的稳定发展。[3]

1965 年法国教育家保罗•朗格朗在联合召开的会上对终身教育的理念进行了阐述，这一思想的提出在教育领域具有重要的意义，因为这一理念将教育的范围和跨多拓展道路整个人生道路。教师作为教育领域最为活跃的要素，终身学习理念一经提出很快就被教师们认可，在教学中他们不仅鼓励学生要树立终身学习的理念，还要亲身践行终身学习的理念，不断提升自己的知识储备与教学水平。1975 年联合国教科文组织在国际教育会上再次对教师职业化发展进行了分析与窑炉，在《关于教师作用的变化及其对于教师的职前教育、在职教育的影响的建议》中对教师在入职之前与入职之后接受专业教育进行探讨，并得出结论“终身学习时教师保持职业竞争力与职业能力的基础条件。”1996 年联合国教科文组织发布了教育报告《教育—财富蕴藏其中》，在报告中终身学习的理念被当作教师职业能力提升与教育事业进步的关键要素，并建议将终身学习理念融入教育、教学的每一个阶段当中。

我国在 1993 年的《中国教育改革和发展纲要》对终身教育的理念进行分析与研究，到 20 世纪 90 年代的中期，并提出了教育改革应该充分贯彻终身教育理，虽然我国对终身教育理念的应用晚于西方国家，但是在我国教师和广大教育工作者的努力仍然取得了很好的效果。1999 年我国启动了“中小学教师继续教育工

[3]陈中永，韩彦斌．我国教师教育政策问题的思考[J]．国家教育行政学院学报，2007(12) ：84-86．

程”，目的是提高教师的专业水平与理论素养，提升教师的专业能力，为我国教育事业的进步与发展地下良好的基础。时至今日，终生教育的理念已经深入人们的内心，成为我国教育改革的基本指导理念之一。

四、教师教育大学化

（一）教师教育大学化是当前教师教育发展的主流趋势

教育的大学化是未来教育的一个基本发展趋势，在教育大学化的过程当中，充分发挥教师的作用是保证教育大学化的重要依仗。罗伯特•罗斯认为，大学生式的教育虽然教师不是唯一的影响因素，但教师在教育大学化的实施过程当中绝对发挥着主导作用，因为任何形式的教育改革除了制度的变更与保障外，还必须依靠教师的执行才能够保证其实际效果。

（二）教师教育大学化的发展进程

自从 20 世纪 50 年代开始，世界上的发达国家将讲师教育大学化作为教育改革的重要目标之一，为此各国投入大量的人力、财力来提升教师的教学能力和专业化程度，先后出现了数次规模浩大的教育机构升级的社会运动。美国教师教育都是由专业的大学组织完成的，教师教学能力的提升和专业程度的提升都是依靠到高等教育结构培训实现的。从 20 世纪 60 年代开始，美国基本上已经实现了教师教育大学化的目标，教师教育的培训体系逐渐成形，形成了美国特色的教师教育制度。从效果上来看，虽然美国很早就建立了教师教育体系，但到 20 世纪 20 世纪 80 年代美国教师的质量仍然没有得到社会的认可，各种批评的声音一直没有断绝。我国是从 1996 年开始利用高等教育资源对教师进行培训提高的，虽然时间比较短，在高等教育系统的帮助下我国教师的教学能力和专业化水平得到了很好的提升，尤其是在广大农村地区由于教师水平不高，在高等教育系统的帮助下，提升最为明显，根据相关数据的统计我国农村地区教师有大学教育经历的(包括带职进修) 教师数量已经超过数量的 90%。[4]

第三节　教师社会转型理论

教师社会转型的历史哲学研究，是一个漫长的过程，始于 17 世纪，但一直没有形成完整的理论学说。西方工业革命对社会结构造成了重大的影响，19 世纪中期以后工业革命的影响逐渐减小，社会体系逐渐稳定之后，哲学、历史学、社会和文化学等社会科学出现了跨越式的发展，社会转型理论也是在这一时期发展起来的，这里我们对社会转型理论经历的三个主要阶段进行探讨。

一、经典理论时期(萌芽时期)

从 19 世纪的中期到 20 世纪的前期，西方学术界虽然对社会转型有了基本认识，对并对社会进步以及社会转型的机制进行了相对深入的分析买，这些要就是社会转型理论的源头。这一时期人们从不同的角度对社会转型理论进行了微观层面的分析，并确定了社会转型理论的研究范围，这对正式界定社会转型理论奠定了基础，随着资本主义的进一步发展，传统的社会模式逐渐崩塌，人们必须找到新的社会结构代替原来的社会关系，保证人类文明的发展与延续，在工业技术的影响下，西方社会迅速走向工业化，这正是社会转型理论产生的社会基础，也是

[4]管培俊．我国教师教育改革开放三十年的历程、成就与基本经验[J]．中国高教研究，2009(02)：20.

社会转型理论的主要研究方向。

经典社会转型理论曾经提出过一些基本假设，比如人类社会的发展与转型有统一的可供参考的内在规律；社会转型是社会结构重组的过程，有一定的逻辑性可寻；社会转型在历史上发生过很多次，每次转型都是可以预见的。马克思主义哲学认为生产历史决定生产关系的根本要要素，社会转型实际上是生产关系的变革，因此社会转型要根据生产力的状况来决定。此外社会是一个整体，社会转型是有无数个个体转变引起的一种质变反应，这告诉我们在社会转型的过程当中，要充分重视个体的力量，引导人们正确的适应新的社会变化，平稳的实现社会转型。[5]

二、实证研究时期(产生时期)

21 世纪 30 年代以后，以斯宾格勒(O.pengler) 和汤因比(A.J.Toynbee) 为代表的形态史学兴起，他们认为每种文化类型的演化特点各不相同、各有其发展道路，并对经典转型进化论的欧洲中心主义一元论提出了挑战，建立了多元文化史观。20 世纪 50 年代以后，西方社会转型理论的研究，面对哲学和历史学中对经典观念的质疑，而转向社会学、古人类学、考古学、文化人类学、人种学和历史编纂学等实证科学领域，试图以经验成果为依据，寻求对经典的线性一元转型观念的支持，这一研究导向被称之为“新进化主义”。文化人类的新进化主义转型论代表人物是怀特(L.White) 、斯图尔特(J.Steward) 、萨林斯(M.Sahlins) 、塞维斯(E.Service) 。他们试图以文化人类学的成果为根据，在肯定和承认文化多元性的前提下，寻求其内在的本质的同一性，从而维护经典转型论的一元化假定。社会学的新进化主义转型论主要代表是帕森斯(T.arsons) 。他的主要著作《社会：进化与比较透视 1966) 和《现代社会体系》(1971) ，提出一种推广了的社会分工理论，

[5]管培俊．关于教师教育改革发展的十个观点[J]．教师教育研究，2004(04) ：21．

对社会转型做出了结构—机能主义的解释。和其他新进化主义者一样，帕森斯承认结构变迁的路线是非线性的，肯定在每个水平上“都包含不同形态和类型的大量变种”。但是，他仍然在普遍的意义上维护正统转型论的范式单一论，提出了一个两种进化(动乱和整合) 过程，四个进化阶段(原始社会、高级原始社会、中古社会、现代社会) 和四种进化机制(分化机制、适应增强机制、包容机制、价值淡化机制) 的转型理论体系。他心目中的转型标准仍然是西方中心主义。对此，他并不讳言：“现代型社会是在一个单独的进货场地出现的，本质上属于欧洲和西方，属于地中海北部和罗马西半部的继承者们。然后，由西方基督教社会奠定了基础，从这里我们得到了所谓‘现代社会体系’。”帕森斯主义成为西方转型研究正统观点的重要代表，其核心观念正是所谓趋同论(convergence theory) 。固然，新进化主义在一些重要方面修正了经典理论的观点，转换了研究视角，这表现在力图回避从历史哲学上对社会进化和转型进行思辨性的建构，并尝试立足于文化人类学和社会学等实证科学的成果，对转型做描述性的说明。如果说，经典理论是以作为整体的人类社会的转型研究为重心，那么，新进化主义的研究重心则转向较具体的社会实体(文明，文化，独立的社团等等) 转型的描述。如 E.伦斯基(E.Lenski) 和 J.伦斯基所说：“对现代进化主义来说，社会进化有更限制的意义，它不使用绝对的道德评价”。

但是，虽说如此，新进化主义却并没有从理念上真正突破经典假设，仍然坚持同一种转型终极目标，因此维护西方中心主义为主旨的趋同论，是各派研究者的共同特点。这一点在 20 世纪 50 年代—20 世纪 60 年代关于现代化和现代性的讨论中，表现得特别明显。在所谓“历史的现代化定义”中，现代化不过是西方和美国化的混合物，其实就是指向资本主义社会的转型，包括工业化、城市化、行政化、民主化、理性化等过程，其深层动机被说成是个人主义成就动机的扩展和实现。如摩尔(W.Moore) 的现代化定义是：“现代化是一个传统或前现代的社会整个向技术和联合的社会组织形态‘整体’ 的转型。这种社会组织的特点是先进的，在经济上是繁荣的、在政治上是相对稳定的西方世界各国”。甚至就连承认欠发达国家的现代化道路与西方历史上的现代化道路有明显不同的学者，如艾森斯塔特(S.N.Eisensdadt)，也曾认为南北方在现代化的目标方面，是没有区别的。他在《现代化：抗拒与变迁》(1966 年) 这部颇有名气的著作中宣称："历史上，现代化是向着这样一种社会的、经济的和政治的体制变迁的过程：这一体制从 17 世纪到 19 世纪在西欧和北美发展起来，然后扩展到其他欧洲国家，并且在 19 世纪和 20 世纪又扩展到北美、亚洲和非洲的另一些国家"。由此不难看出，转型理论的实质是什么。

三、理论转向时期(发展时期)

20 世纪 70 年代以后，世界政治局势紧张，国际形势发生了重大的变化，这种变化我们主要从三个方面来认识：第一，西方国家资本主义生产关系固有矛盾凸显，经济增长速度停滞不前；第二，亚洲国家经济迅速发展，在实际经济政治舞台上的分量越来越重；第三，以苏联为首的社会主义国家内部矛盾尖锐，社会主义国家联合体逐渐姐姐。这些新的变化使得人们开始重新认识教师社会转型的内容和本质，对社会转型理论也有了新的认识。

教师最初的转向是肯定转型道路的分化、。20 世纪 50 年代西方社会理论的主流是"乐观派"。其中的一个导向是"起飞论"，认为欠发达国家的经济能够通过"起飞"直接进入发达社会；另一个导向是"过渡论"，认为"传统社会通过过渡阶段转变为现代社会"。20 世纪 60 年代以后，"悲观派"逐渐占了上风。按"悲观派"的观点，世界历史上的现代化转型分为前后两个阶段，前期是自主内生的现代化，是从社会本身的固有力量在本土发生的从传统向现代的转型，这是西欧和北美的模式。后期则是强制动员的现代化，它以对民众的强有力的政治和社会动员为特征，由于其强烈冲击性和突发性所造成的动荡和失衡，使欠发达国家并不一定"自动地"转变为发达国家，相反，倒是存在"现代化中断"的危险。但是，无论是"乐观派"还是悲观派，实质上仍然是以趋同论为立论基础的。在他们看来，欠发达国家实现现代化的核心机制是一种与西方现代化因果机制完全相同的"工业主义逻辑"。克尔(C.Kerr) 、罗斯托(W.Rostow) 等人的经典观点，都强调主导群的创新和革命引发社会组织、政治生活、文化模式、日常行为，乃至信念立场的整体现代化。戈德索普(J.Goldthorpe) 把这种工业主义逻辑概括为："由于工业主义的推进并成为世界范围的现象……一系列相异的建制结构和不同的信念与价值体系都必然会归并起来。所有社会，无论它们通过何种道路进入工业世界，都会日益接近起来，即使其形态不明晰，也完全是工业形态的"。

20 世纪 80 年代后，随着现代化对着人们认识手段的逐渐多样化，越来越多的事物被人们所发掘，并重新认识，人们对 20 世纪 80 年代之前的社会转型理论有了重新的认识，对其科学性提出了质疑。首先，现代化进行并没有如预料的一样在发展中国家迅速实现，贫困、饥饿、战争、独裁仍然在世界范围内存在，甚至一些狂热分子利用这些消极因素成立恐怖组织，威胁世界的和平与安全；其次，传统生活方式和社会理念并没有在新生活方式和社会思想的冲击下土崩瓦解，其强大的生命力使得很多国家的现代化进程受到了阻碍，尤其是在宗教盛行的国家，新的生活理念与生活方式与传统理念发生了激烈的碰撞，严重地影响了社会的安全。[6]

在这样的挑战面前，西方国家的教师转型理论研究已经开始反思这些问题产生的根源，西方国家的社会转型理论已经出现了越来越多的问题。首先对现代化的内涵与本质进行了重新定位于认识，部分学者从历史角度切入，将其作为具象的历史范畴的感念，将其本质概括为在某一个时期一种生活和生产的标准，这个标准不是固定的，具有多样性和可变性。[7]

利亚基安(E.Tiryakian) 指出："现代性并非此时此地的现代性，从一种界历史进程看，现代性或者相对于目前的优势前沿的工艺水平和发明，或者相对于

---

[6]熊华军，常亚楠．教师专业化内涵的质性研究[J]．大学教育科学，2013(03) ：21．

[7]袁贵仁，与时俱进，努力开创教师教育工作新局面[J]．师范教育，2002(01) ：22．

意识、道德、技术和社会结构配置方面的巨大进展，这些进展对人类处境的改善有所贡献”。还有一部分学者从心理学的角度对现代化进行了分析，他们将现代化当作一种在改造传统品格的过程发挥作用的元素，生活方式的重构实质上就包含了现代化。

从现代的标准看，新转教师型论开始弃工业主义的范型，转而对西方工业文明持批判的态度。早在 20 世纪六七十年代，一种对工业文明弊端进行揭露和抨击的思想运动就已达到高潮。其中一个导向是所谓“后工业社会”论，认为现代社会的本质是技术统治，技治主义(technoracy) 成为主导的意识形态，这种技术统治造成了贝尔(D.Bell) 所说的“资本主义文化矛盾”，即工业文明内部的结构性裂变：一方面是经济领域中的“效益原则”绝对化，造成等级严密、分工精细的自律体系，使非人化结构极度完备化；另一方面是政治领域“平等原则”绝对化，形成庞大官僚机构，凌驾于社会之上；再一方面是文化领域中“个性原则”绝对化，追求“自我满足和自我实现”，因而与经济—政治领域内的理念和实践不断冲突，形成经久不衰的“反制度化”“反视化”“非理性化”至“虚无化”现代主义文化运动。因此，在贝尔看来，现代工业社会向后工业社会转型，其实是一种社会主题的历史性变换：从“应付自然”(game against nature) 的主题(前工业社会) ，转向“对付人造自然”(game against fabricated nature) 的主题(工业社会) 。而现在，人正在重新发现自己，把人的交往和人文精神重新凸现出来，亦即转向“处理人际关系”(game between persons) 的主题。这三个“G”的转型道路，正是人类历史进步的道路。

20 世纪 80 年代后期，新教师转型理论在重新审视现代化标准时，也开始对彻底反传统的假定产生了怀疑。因为传统社会的许多要素可能成为支持现代化社会构架的富有生命力的部分；反过来，现代社会也总是保留了传统社会的许多有价值的因素。显然，西方工业社会现代化范型的神圣感已经消失了。

新理论对欠发达国家的社会现代化转型研究，提出了一系列与传统理论不同的新观点：欠发达国家现代化的动力是“自下而上”与“自上而下”的动员的结合。欠发达国家的现代化，外生因素起着重要的作用，这包括世界地缘政治形势，外部经济支持，国际市场的开放，国外现代化思潮的传入。它不再坚持欧美是现代化的标准样板，而是因地制宜，例如日本模式，亚洲“四小龙”模式，乃至中国模式都是值得参考的。它同意现代化进程具有一个统一的预定程序(如准备、启动、成熟，等等)，由于借鉴先行者的经验，赶超或超越都是可能的。许多论者更多地注意到现代化进程的障碍、挫折、甚至倒退。如西托姆卡(P.Sztompka) 在《大转型的困境》(2002) 中，就特别讨论了转型的可逆性问题。与传统理论不同。新理论特别注意文化与价值在转型中的作用，并且认为这是现代化成功的重要前提。近年来，人们对不同文明的冲突在发展中的作用愈来愈重视，亨廷顿的著名新著《文明的冲突》就是这方面的工作的代表；而对东亚新兴工业国家在转型中维持并利用传统文化的做法，表现出强烈的关注和兴趣，新理论表现了一种重视传统的倾向，甚至认为利用某些前现代社会的因素是合理的。

在我们看来，目前关于社会转型理论的探讨，主要包括以下几个方面的主体：社会转型本质的认识与理解；对不同社会制度下社会转型的认识与理解，及其他们之间的关系解读；社会转型过程中社会构成体系的变化，及转型前社会矛盾的变化情况；外部环境对社会转型的影响，揭示环境要素与社会转型的内在联系。

第三章 义务教育阶段教师教育发展的历程与发展机制

第一节 我国教师教育发展的历程回顾

教师的专业化是现代教育质量提升的关键要素，想要提高我国教育水平与教育质量，必须加快教师专业化的进程。教育的发展是国家兴旺发达的基础，也是贯彻科教兴国，全面促进我国小康社会建设，实现中华民族伟大复兴的必然选择。社会生产力的发展决定着社会关系的结构，催生了不同的教育需求，教师作用和定位需要根据教育需求科学规划。教师的教育关系着国家教育质量的高低，决定了国家和民族的文化素质，教师教育体系在国家建设与社会发展中具有十分重要的意义。教师作为教育的基本构成要素既是教育的执行要素，也是教育质量直接影响要素，教师作为教育过程中最为关键的一环，一定要肩负起自己的使命感与责任感。当前我国经济迅速发展，教育必须与时俱进，跟随经济与社会进步的步伐，建立全面的教师职业能力提升体系，保证教师专业化进程的推进。要实现教师的现代化与专业化，必须建立一个有效的教育教学体系，各个教育部门与社会组织紧密协作，全社会动员为教育发展与教师素质的提高提供良好的环境，这是提升我国教师专业素质的重要思路。

教师的专业化培训是指相关部门根据教师特有的职业特征，建立专门的、针对教师的教学能力、专业知识、职业道德等方面所开展的教育活动。教师的专业化包括两个层面的含义，一方面是非专业人员，比如师范学校的学生，经过专业的教育能力培养成为一名能够胜任教师工作的教育工作者，另一个层面的含义是指已经从事教育工作的教师，在工作过程中针对自己的不足进行的专业性提升。这里我们从我国教师教育的发展过程对其教师教育的结构进行分析与总结。

一、我国教师教育的发展历程

西汉杨雄在《法言•学行》中说："务学不如务求师。师者，人之楷模也。"最早将"师范"二字并用的是《后汉书•文苑传•赵壹》，内云："君学成师范，缙绅归慕。仰高希冀，历年滋多。"

（一）近代以来我国师范教育的发展

1. 我国师范教育的起源(1862-1896 年)

我国近代的师范教育是充 1890 年之后逐渐开始的。1840 年鸦片战争改变了中国封建制度的发展轨迹，我国开始逐渐沦为半封建、半殖民地社会，一些思想开明、远见卓识的中国人认识到了中国与西方国家的差距，开始对西方社会进行关注，尤其是在社会制度方面。为了改变清王朝落后、自大的现状，这些先进的中国人发起了影响广泛的洋务运动，他们将拯救清王朝的希望放在了西方国家的制度与技术之上。在教育方面，1862 年北京成立的同文馆成立为我国现代教育的发展拉开了帷幕，在同文馆出现之后很多具有一定现代意义的学堂纷纷成立，清王朝的教育发展一度进入一个小高潮，但是由于社会体制和军事技术的落后，这种繁荣的局面并没有持续多久就被中日甲午战争所打断。虽然由于战争的影响清王朝的洋务教育未能得到实质性的发展，但使洋务运动的士大夫阶层人认识到了清王朝教育的不足，对洋务运动时期的教育有了一个全新的认识。1896 年，梁启超在《论师范》一文中提出："师范学校立，而群学之基悉定"，强调"欲革旧习，兴智学，必以立师范学堂为第一义。"

2. 我国师范教育的雏形(1896-1942 年)

在办法与洋务派的推动之下，1896 大理寺少卿盛宣怀在上海成立南洋公学，我国师范教育的称谓也源于这所学校，该学校的创办者是，南阳公学设置有四个学院，师范学校是整个学校最大的院系，也是南洋公学的招牌院系。1897 年南阳公学正式开始着手学生，师范学校第一批总共录取了 40 名学生，这是我国师范教育的起点，也是最早的专门培训教师的学校机构，南阳公学从成立到结束总共六年时间，培养一百多名具有现代意识的师范生。南洋公学的师范学院受到了社会进步人士的赞赏，为后来一些师范学校的开设提供了经验，培养了一批人才。清末政府为了维持统治开始实行新政，1902 年在北京创立京师大学堂师范馆，也就是今天北京师范大学的前身，京师学生师范馆是我国最早的高等师范教育机构，开始了我国高等师范教育的历史。张謇作为清末著名的实业家，对教育也十分关注，他在江苏南通通州师范学堂，这所学校是张謇个人出资兴建、运营的，是我国第一所私立性质的高等师范教育机构。清末新政之初，各地学堂纷纷成立对教育人才的需求越来越多，1903 年张之洞在江苏南京成立，袁世凯在河北保定成立了直隶师范学堂。除了上面提到的这几所学校，这一时期成立的学校还包括位于贵州的公立师范学堂，全国师范学堂等。在师范学生的权利和义务上，1904 年 1 月颁布的《癸卯学制》中的《奏定初级师范学堂章程》和《奏定优级师范学堂章程》规定：“师范‘官费生’在学校期间的费用，均由官府支付，同时学堂也招收自费生。”官费毕业生从学堂学成毕业，要按照自己的义务在学校教授六年，如果简易科毕业的学生则需要教授三年，对于自费的学生，需要旅行自己的义务教授三年，简易科毕业的自费生需要教授 2 年。如果官费学生在毕业后为履行自己的义务或者中途因个人问题被撤销教员资格的，需要支付期间的学费，并会受到相应的处罚。[1]

辛亥革命后，清政府倒台，“中华民国”成立，1912 年“中华民国”成立的

[1]石鸥，段发明．课程改革：教师专业发展的新契机[J]．中国教育学刊，2004(08)：24．

之初，教育部门针对师范教育颁布了《师范教育令》和《师范学校章程》，内中规定："师范生分为公费生、半费生和自费生三种模式。公费生免予缴纳学费，同时在校期间的膳宿均由学校支付；半费生需缴纳膳宿费用的半数；自费生免交学费，但膳宿费用需全部自理。"这项规定在民国之初沿用了很久，直到 1923 年这项规定才因为某些客观条件发生变化而改变。南京国民政府期间，当时民国政府的教育部曾在 1943 年颁布了《各省市清寒优秀师范生奖学金办法》(简称《办法》)，《办法规定》规定："政府财政准备专门款项对各级师范院校及中等学校、师范学校下设的各类师范班里的学生给予奖励，对于成绩优异但家境贫寒者除给予一定的奖学金外，还要给予额外资助。"但由于国民政府机构的腐败和不作为，这项规定并没有达到预期的效果，但也给当时深处战乱时代的贫寒学子带来了一定的帮助。1944 年 10 月，国民政府又出台了新的政策对学生的公费待遇进行调整，并出台了《全国师范学校学生公费待遇实施办法》，该文件对师范生的待遇进行了详细的规定："……凡公费师范学校之学生入校免缴学杂费及住宿费用；膳宿、教科书等全部由学校供给；发放学生制服，每三年发放单制服两套，棉服一套。"在南京国民政府期间公费师范生在毕业后的教师服务年限上，1943 年颁布的《高等师范学校章程》中规定："本科公费生毕业之后须服务六年，服务边远地区的可酌情减为四年；专修科公费生必须服务四年，边远地区者可减为三年；自费生须服务两年。"这一规定并没有一直沿用下去，之后的几年中师范学生的服务年限一直在不断地调整，师范学校学生的公费待遇也在不断变化，一没有变化的是对师范毕业生教育服务义务的强制定规定。对于毕业于师范学校在毕业后的规定年限内没有从事教师职业或中途改换职业的，政府会勒令其停止，并追缴其在校期间应该缴纳的各种费用。

新中国成立之前，中国共产党领导下的革命也对高等教育给予支持，并专门针对师范类学生的生活待遇以及服务年限进行了规定。1934 年在苏联的影响下制定的《苏维埃教育法规》中规定："不收学生书籍费和膳宿费，但其需自备日常用品。"1942 年，抗日民主根据结合当地的实际情况，完善了师范类学校管理办法，并出台了《暂行师范学校规章草案》，草案规定："学校不收取任何费用，免费供给学生书籍、衣物、路费等，除规定外，则需自备；同时师范生要以服务教育为基本原则，服务年限与修业时间相同，服务期间不得变更工作，亦不得升学外迁，如有特殊情况，需边区教育厅相关部门核准之后给予变通办理。”

3．我国师范教育的发展(1942-1976 年)

新中国成立之后，随着社会和经济的稳定，长期受战乱影响的教育事业得到了恢复与发展，1951《人民教育》发表了题为《大力稳定和发展小学教育，培养百万人民教师》的社论，指出：“师范教育好比工业中的重工业，机器中的工作母机，它是国家教育建设的根本，是全部教育工作的中心环节。”随后在新中国成立之后第一次全国性质的师范教育工作会议在北京召开，当时主管教育部门的长马叙伦指出：“师范教育是整个建设的中心环节，师资问题如不解决，文化建设的高潮就很难到来，甚至会影响经济建设。”师范会议对师范类教育工作进行了深入的讨论，并达成了相关共识，比如每个行政区必须建设一所师范类高等教育学校，以便各地为新中国的发展提供各方面的人才；对于现有的师范学校要以为社会主义发展服务为原则进行改善和巩固；对于高等教育学校内部的师范学院要逐渐独立出来，成为独立的教育机构，逐渐摆脱对母体学校的依赖；师范学校教育要以培养教育人才为己任，与其他科研类院校有所区别。从此以后，心中建立起了完整的师范教育体系，师范教育的发展得到了稳定的发展。

1952 年 7 月，政务院(现国务院前身) 发出通知，通知决定改变之前我国高等学校与中等学校推行的师范学校公费体制，变为人民助学金体制。跟此次通知相呼应的有教育出台的师范学校教育章程规定，我国高等、中等等不同层次的师范学生均享受“人民助学金”。1966 年到 1976 年各级教育处于非正常状态，我国教育工作的发展持续性被打破，教育工作十年前几乎处于停滞的状态，这导致我国人才培养出现问题，在很长一段时期内我国教育人才匮乏，对经济与社会的发展造成了不良的影响。

(二) 现阶段我国师范教育的发展

1976年随着十一届三中全会的召开，我国的工作的重心重新回到经济建设上来，教育事业终于走过寒冬迎来了春天。邓小平同志纠正了两个凡是的错误工作作风，重新确立了实事求是的工作理念，教育界作为知识、思想传播的窗口首先开展了解放思想、实事求是工作标准，随后社会各个领域都逐步恢复正常的发展节奏，教育工作的发展环境得到了改善。

1978年7月，在结束了长期的停滞不前后，党和政府主持召开了全国性的教育工作会议，对教育工作的发展进行讨论。教育部根据政府工作重心的转移对新时期教育工作的发展路线进行了规划：教育要以培养人才为目的，教育工作要全面提升整个中华民族的科学文化素养，培养一支技术过硬、理论扎实的新时代工人阶级队伍。1980年第四次全国师范教育工作会在北京召开，会议上与会的代表总结了近百年来我国师范教育发展的经验，分析了改革开放之后我国教育工作发展面临的新问题，明确了教师在教育工作中地位，为师范教育的工作开展提供了稳定的决策基础。1985年，全国教育工作会在北京召开，这是改革开放之后第一次真正意义上的教育领域召开的全国性会议。这次会议对各个阶段的教育都进行了详细的套路与研究，并将师范学校建设与师范教育促进列入了全面推动教育事业发展，提升全体公民素质的基础性工程之一。教师是教育发展的基础，各类教育的开展必须依靠教师才能实现，因此要想推动我国教育事业的发展，必须坚定不移的提升教师在教育工作中的地位和待遇，激发他们的工作动力，使他们能够全身心地投入到教育事业当中。为了更好地理解全国教育工作会议的精神，确保各项政策的执行，国家教育委员会在1985年年底召开了全国中小学生教师工作会议，会议对全国教育工作会议的主体进行阐述与理解，并明重新认识了教师队伍建设的含义，对教师队伍的建设给出了新的思路。全国中小学生会议同时指出："当前师范教育本身有两个值得注意的倾向，一是各级师范院校盲目升格；一是高等师范院校不适当地向综合大学看齐。中国的国情决定不可能所有的初中教师都由大学培养。各级师范院校应该采取有力措施，沿着为基础教育服务的方向健康地发展。”与此同时，教育部也充分制定了相关的政策来推进高等师范教育学校的教师队伍建设，充分发挥高等教育的带头引领作用，并通过多种途径来加强学校师范教育的师资力量，推动我国师范教育的发展，为实现社会主义现代化建设培养了一批人才。

根据我国教育改革形势的总体要求，1996 年召开的第五次全国师范教育工作会议，会议指出：“师范教育在教育事业发展中处于优先发展的战略地位，办好师范教育是政府行为，各地政府要把师范教育当做功在教育、利及社会、造福子孙的千秋大业。”

1999 年 1 月，国务院批准了教育起草的《面向 21 世纪教育振兴行动计划》，对 21 世纪我国教育工作的发展进行了谋篇布局。

1999 年 6 月召开了《中共中央国务院关于深化教育改革全面推进素质教育的决定》，会议的主题是：全面推进素质教育，振兴我国教育事业的发展，为科教兴国战略的实施打下坚实的基础，从而保证我国在当前日益激烈的国家竞争中能够脱颖而出，实现中华民族的伟大复兴。《中共中央国务院关于深化教育改革全面推进素质教育的决定》对 21 世纪我国教师队伍的建设提供了新的思路与目标，通过对师范学校教育范围与教育层次的调整，鼓励有条件的地区建设师范学校，并在高等师范教育学校开设中小学层次的师范教育专业，为我国教育体系师资队伍的教师提供全面的支持。这一改革措施可以说对我国师范教育的发展具有突破性的作用，从此以后我国师范教育得以迅速发展，我国教师队伍不断壮大，整体质量不断提升。

2001 年 7 月，教育部印发《基础教育课程改革纲要(试行) 》，《基础教育课程改革纲要(试行) 》指出：“师范院校和其他承担基础教育师资培养和培训任务的高等学校和培训机构，应根据基础教育课程改革的目标和内容，调整培养目标、专业设置、课程结构，改革教学方法。”中小学教师继续教育应以基础教育课程改革为核心内容。

(三) 我国教师教育制度的确立

进入 21 世纪之后，我国高等教育大众化的进程不断加快，我国公民的整体素质不断提高。从教育是的发展来看，在 21 世纪之后我国充分吸收与借鉴了国外先进的教育与培养模式，不仅教育质量得到了很大的提升，教师的整体素质也得到很好的进步。1998 年底，教育部制定了《面向 21 世纪教育振兴行动计划》，《面向 21 世纪教育振兴行动计划》在教师的教育与职业能力的提高方面进行了深入的探讨，并提出了“跨世纪园丁工程”，将教师队伍的教育与教师整体素质提升纳入教育发展你的总体规划当中，到 2015 年各地教师的学历水平得到极大的提高，并且基本上实现了中学、小学教师接受高等师范教育的目标。

根据“跨世纪园丁工程”的要求，教师教育不能仅停留与表面的形式，拘泥于传统的内容，要充分认识和理解当前国内外教育发展的最新形式，以开放的姿态和与时俱进的精神组织教师教育培训，使他们真正成为新时代教育工作的楷模与先锋。按照传统的观念，教师入职从事教育工作意味着教师教育知识学习的终结，虽然教师会从自己的工作中吸取经验改善自己的工作，但是一般不会专门进行教育培训，针对自己的不足进行针对性的学习与训练这也是我国当前教育工作应该关注的一个方面。

1999 年 6 月，中共中央国务院发布了《关于深化教育改革全面推进素质教育的决定》。《关于深化教育改革全面推进素质教育的决定》切实提出了要对教师队伍的结构进行优化，提高教师队伍的知识水平与教学能力，实现教师队伍质量的全面提升。加强教育改革，对教师资格认定制度进行优化，明确教师任教的能力要求，以此来保证教师队伍人才的素质。此外，还要根据市场经济的率引入竞争机制，对教师的聘任与待遇有了更加科学的评价与认识。教师是宝贵的教育资源，合理对教师资源进行分配是保证我国教育质量，提升教师队伍素质的重要途径，高素质教师在偏远地区的任教能够带动当地教师水平和教学水平的提升。《关于深化教育改革全面推进素质教育的决定》是我国 21 世纪教育事业发展的蓝图，它为我国教育事业的发展提供了战略指导与目标引领。

2004 年 2 月，教育部颁布了《2003-2007 年教育振兴行动计划》。《2003-2007 年教育振兴行动计划》的重点是对农村的教育质量与教师书评进行提升，通过教育改革缩小城乡教育的差距，加强农村地区教师培训，改善农村地区师资队伍结构。此外，《2003-2007 年教育振兴行动计划》还倡导具有教师执教资格的从业者积极到农村地区去工作，这一倡议得到了社会教育工作者的积极响应，尤其是师范类学校毕业生到教育欠发达的地区任教的人越来越多，我国农村地区的教师队伍结构与质量正在逐渐变化。

此外，《2003-2007 年教育振兴行动计划》还对教师培养的教育模式提出了改革要求，教师的培养应该逐步纳入到国家高等教育体系当中，作为我国重要的教育发展项目。在出台《2003-2007 年教育振兴行动计划》的同时，我国教育主管部门还同时起草了《教师教育条例》，主要目的是完善教师机构资质认证的标准、课程标准以及教师队伍素质质量标准，目的是为教师的培养提供良好的环境，为我国教师队伍素质的提升打下良好的基础。制定教师教育机构资质认证标准、课程标准和教师教育质量标准，建立教师教育质量保障制度。实施“全国教师教育网络联盟计划”，发挥师范大学和其他教师教育高等学校的优势，共建共享优质教师教育课程资源，提高教师培训的质量水平。该《行动计划》进一步强调了教师教育在国民教育体系中的重要基础地位，提出了“构建开放灵活的教师教育体系”的改革发展目标。这一目标借鉴国际教师教育改革发展的基本趋势和规律，明确了新时期我国教师教育改革创新与发展的基本路线。

2007 年 3 月，时任国务院总理温家宝在第十届全国人民代表大会第五次会议政府工作报告中指出，在教育部直属师范大学实行师范生免费教育，同年，国务院办公厅批准了《教育部直属师范大学师范生免费教育实施办法(试行) 》，该《办法》规定：“从 2007 年秋季入学的新生起，在北京师范大学、华东师范大学、华中师范大学、东北师范大学、陕西师范大学和西南大学六所教育部直属师范大学实行师范生免费教育。要通过部属师范大学的试点，积累经验，建立制度，为培养造就大批优秀教师和教育家奠定基础。”实行师范生免费教育的宗旨是进一步形成尊师重教的浓厚氛围，让教育成为全社会最受尊重的事业，要培养大批优秀教师，提倡教育家办学，鼓励更多的优秀青年终身从事教育工作。国家实行师范生免费教育，对于增强青年当教师的荣誉感和使命感，吸引优秀人才从事教育事业，促进全社会进一步形成尊师重教的浓厚氛围，以及促进师范院校本身的建设和发展起到了积极的导向作用，为构建我们现代化的教师教育体系增添了强大的砝码。我国现代教师教育制度已见雏形，但还需加快建立教师教育标准，教育部门应抓住有利机遇，加快教师教育体系的建构，有利于促进国家教育事业的健康稳定发展。

二、当前教师队伍建设面临的困境

（一）教师的学生工作涉及面广

近几年，由于学校在招生方面的不断扩招，造成了入学人数的急剧攀升，随着而来的也就造成了教师的工作内容的增多。

教育的改革和发展也是引起教师工作内容增多的一个重要原因。教师工作内容的增多主要体现在其工作的烦琐和复杂两个方面。学生工作内容宽泛，是指在教育大众化和内部管理体制改革进程中，学生工作内涵、职能不断超出其原有范围，呈现扩展、派生的态势，以及学生工作与学校其他工作交叉、渗透、融合并不断深化、强化的现象。教师的工作主要包括班级日常管理、学生学习管理、学生心理健康教育、宿舍安全管理和建设、经济困难学生的帮扶问题等，凡是关系到学生的所有工作教师都要参与。除此之外，教师还要做到具体问题具体分析，对于不同的学生，要采取不同的教育方法，进行特别的教育。另外，教师还应该做好桥梁纽带的沟通作用，时刻配合任课教师、家长、班主任、学校领导的教育教学工作，不分大事和小事，不论事务的难易，不管任务的轻松与繁重，应该通过一切方法做好对学生的思想政治教育和学习生活的管理、服务、教育工作。

(二) 教师的专业程度低

从 2004 开始，我国主管教育各个部门相继为教师的专业化建设出台了各种的政策、开设了平台、规划了不同类型的项目，目的就是给予教师队伍的专业化建设更多的鼓励和支持。但是，从目前的教师队伍建设的执行程度上来看，仍旧没有达成一致的教师队伍专业化建设共识，仍旧有些地方出现制度不健全、资金不充足的等状况，这些问题的存在一直是导致全国教师队伍建设不能走向专业化的重要因素。我们把教师工作放在一个具体的职业范畴中来看，其自身存在的专业知识薄弱、理论知识不完善、内涵建设无支撑、专业化建设研究程度不够等的现象，都是造成了对教师的工作领域和角色定位的模糊。据有关的学校对教师的认可程度的调查显示，有将近一半的人认为学校的教师没有地位，有将近 40%的人认为教师会换工作，仅仅有 16.0%的人认为学校的教师与其他教师地位相同。从这个调查中可以看出，教师队伍不仅工资低，而且地位也不高。还有一项对教师的工资的调查显示，接近 70%的教师对自己的工资不满意，有将近 80%的教师说自己没有岗位津贴。在教师的岗位津贴的发放方面，虽然国家和政府出台了一些文件给予了大力的支持，但是在实际情况的解决方面仍不能得到有效的解决。教师做的是学生的日常的管理和服务工作，所以，在相应的经济报酬方面也无法与教师相提并论。教师的工资和待遇通常都是与其自身的学历、职称保持一致的，这就使得教师处于显著的劣势中。教师在以教育教学和科技创新为主导的学校内的工资和福利待遇的普遍低下，使得他们常常处于被动的地位，没有目标，没有进取心。

(三) 教师队伍的巨大变化性

教师队伍的专业化建设需要有一批高度稳定和谐的教师工作队伍做支撑。教师工作如果想象一份社会职业一样生存和发展就必须有一个稳定的队伍，队伍的稳定是职业生存和发展的前提。当前，我国教师队伍的不稳定因素有以下两个方面。

1. 教师对自己的工作缺少长期的发展规划，得过且过

教师队伍的中长期存在的对自身发展和身份定位、对个人职业理想的不充分认识，使得教师队伍建设在社会中引发了很多的问题，而且已经在一定的程度上面妨碍了教师队伍的稳定和国家整体教育的发展。我国的教育部门在保障教师队伍的建设方面，出台了一系列的政策，各地的学校根据国家的政策方针，采取了积极的具有建设性的措施，既明确了教师的职业定位也为教师的职业发展指明了方向，但是由于各项方针和政策的难以落实，长期的计划与实际教育培训操作不配套，导致教师在教师工作方向上面目标感。具有关调查显示，有接近50%的教师对自己未来的教师工作方向感到无措和迷茫，甚至有超过一半的人说自己不愿意长期从事教师工作。有调查显示，对于从事学生思想政治教育工作，39%认为是“走错了路”；64%认为不被理解、社会地位低下、没有前途；还有少部分人认为仅是谋生的手段。教师对自己的工作岗位没有认同感，主要是因为在教师的聘任和更换期间，使得教师的流动性频繁，这就造成了教师对自己前途的迷茫，在工作中找不到方向和目标，也无法从工作中体会到自我实现价值的满足感，更看不到今后自己的从业方向和努力目标。

2. 教师的职位人员过度的更换

根据我国的相关调查显示，长期从事教师的工作的，有经验的、年轻的教师已经越来越少了。据教育部的调查显示，从事教师工作年限长的教师已经越来越少了，很多都是很短暂的从事该工作，这样的教师队伍，很大程度上面不利于教师长期稳定的、系统的、连续的开展工作，更加地降低了教师工作的成效，不利于教师队伍的经验积累，更加限制了教师队伍的专业化建设。教师的工作需要根据不断发展变化的社会环境来有方向性地研究和解决现实的具体问题，同时也要对学生生活和学习中出现的各种各样的问题和行为进行解决，帮助和引导学生形成正确的世界观、人生观和价值观。为了满足学生身心发展的

需要，教师应该通过长期文化知识素养的积淀和具体工作实践经验的积累方面帮助和满足学生对自身高尚道德情操的培养、丰富科学文化知识的积累、良好心理素质的提高。

（四）教师结构不稳定

我国教师队伍的不合理状态，严重影响了教师工作的有效开展。结教师的从业年限、学历和职务、年龄是的教师结构的基本构成。教师队伍的结构涉及学生的教育、管理和服务职责的履行。不合理的教师队伍结构将不利于教师工作的开展。

1．教师队伍不合理的年龄构成

从我国当前的教师的组成上来看，教师队伍呈现出年轻化的发展趋势，其中27～35 岁这个年龄阶段的教师是整个队伍中的中坚力量。据 2016 年柏杨对全国 31 个省(市) 50 余所学校 1 058 位教师进行的问卷调查显示：男性占 47.23%，女性占 52.77%；30 岁及以下占 50.92%，31～40 岁占 40.22%，41～50 岁占 7.13%。50 岁及以上占 1.72%。教师年轻化的一个重要的优势就是教师思想上和心理上与学生打成一片，更容易理解学生的想法和行为，而且年轻的教师思想教活跃、精力更充沛，有朝气和活力更容易适应和接受大量的工作。在学习和理解新知识的时候，年轻的教师更容易接受和认可。在思想政治教育的过程中，教师既是学生的学习帮手，又是学生的生活指导者。但是，从一些调查中发现，很多年轻的教师，在对学生进行管理和服务的时候，往往缺少阅历和工作经验，只有理论知识，没有实际经验的讲述，在对学生进行问题的讲解的时候，难以将理论与实际相结合为学生释疑解难。

2．教师队伍的学历、职称与职务普遍较低

学生对于教师的学历、职称、职务是非常看重的。教师队伍的学历构成就是学历结构。教师在这三个方面较高，就会得到学生更多的认同和追随。据调查，

教师学历构成中大专学历的人数占 9%，博士学历占 2%，本科学历占 62%，研究生学历占 27%。

职称结构是指教师队伍的职称构成。据调查显示：教师队伍的行政事务中，副科级以下占 64.10%，正科占 29.91%，副处占 7.64%，正处占 0.47%。从教师队伍专业技术职务方面来看，初级及以下占 43.05%，中级占 50.68%，副高占 5.66%，正高占 0.62%。从专业技术职称来看，初级占 68%，中级占 23%，副高级占 8%；从教师的职务上面来看，正科级占 10.2%，副科级以下占 83.2%。通过分析，教师在职称、职务方面，正科及以下和中级及以下分别累计为 92.01%和 93.73%，整个队伍高层次的职称、职务比例相对较低。通过对 2016 年全国普通高等学校(机构) 教职工情况中的专任教师职称情况的分析中看出，普通学校专任教师中初级及以下的比重为 24.61%，中级为 36.87%，副高级为 27.85%，正高级为 10.67%。由此可见，教师队伍的专业技术职务在对应层次上明显低于专任教师，特别是副高级及以上差距十分明显，累计相差超过 30%。

(五) 教师队伍的专业素养较低

学校的教师是一个综合型的复合人才。学校的教师的工作与很多学科有关系，这其中涉及教育学、行为学、管理学、社会学、心理学等学科的知识。除此之外，还有一些有学生的日常生活的管理、心理健康问题的教育、个性和爱好的发展与设计等一系列的与学生的学习和生活相关的工作，教师只有做好各个方面的工作才能成为一名专业化素质的教师。但是，从调查的结果中显示，我国的大部分学校的教师远远不能达到这一要求。据赵庆典等的调查显示：具有哲学社会科学(含思想政治教育) 学科专业的占被调查人数的 9.6%，具有教育学、心理学和社会学学科专业的占 3.8%，这两类学科专业与教师相关专业要求贴近，但是两者相加只有 13.4%，相对较少。从调查显示中也可以看出，教师中有很多人都是来自不同的学科的，其中有占 45.77%的教师有艺术、哲学、经济和历史学科的专业背景，还有 30%的教师具有农医军的专业背景。据马建青、朱美燕对我国学校的博士生在职攻读思想政治教育专业教师的调研结果显示，以硕士背景为思想政治教育专业的为38.5%，以本科背景为思想政治教育专业的为25.4%。

行动是理论的践行，教师只有不断的提高自身的知识水平、教育教学能力和科研工作能力，才能开展有力地思想政治教育指导工作。作为学校的教师，一定要提高自己的对学生教育工作和学生管理工作的理论性、创新性的研究。据有关调查统计：在所调查的教师中，有将近一半的教师没有开展或者参加过任何级别和任何内容的课题研究，有 41.57%的教师在学校内部开展过一些简单的课题研究，只有不足10%的人参加过国家级的社科基金项目，从这项调查中，我们可以看出教师队伍的科研能力弱，进行高层次和高水平的科研项目的比例低。

在有关学术论文的发表方面，教师发表的数量少且质量低。据有关的调查显示，教师在普通的期刊上面能够发表论文的占51.78%；在一般的核心型的期刊上面发表学术论文的占 28.91%；在学科级的期刊发表论文的仅占 10.31%；有将近一半的教师没有发表过任何的学术论文。

（六）教师中培训工作欠缺

对教师进行专业的培训是提升教师队伍专业化水平的一个重要方法，但是纵观我国当前的教师培训机制其中存在着一些问题。在实际的培训思想上面，教师的培训内部没有针对性的开张创新观念、意识、能力、知识的培养，培训力度不够；在物质资源的配备上面，缺少资金的支持。由于很多时候，教师对自己知识的提高，只能通过自我学习的方法来提高自己的知识和技能，自我培训最终又造成了培训的理念不清、方法单一、体制不健全、时间短等状况。教师进行自我培训的时候，往往只重视对思想政治理论知识的培养、心理问题咨询和解决方法的培养、教育教学管理技能的培养，而忽视了对当前国家政治经济方针政策、网络知识与技能、社会主义的基本理论的培训。从对各类学校的教师的培训中可以看出，在网络知识与技能方面的培训是最少的。网络知识和技能是很多教师够基本能够正常的掌握和知道的，但是对社会主义的基本理论知识的培训则是应该受到极大的重视的。而这说明各类学校对马克思主义理论的培训重视不够。从培训的方式上面来看，很多学校喜欢采用专家学者授课的方式，不擅长使用现代科技手段，比如案例分析、团队训练和模拟实习等。从教师的培训时间看，教师平均接受业务培训时间为 43.5 小时。教师培训时间在 40 小时(5 个工作日) 以下的人数比例为 49.3%，超过 120 小时的人数比例仅为 5.1%。

从上面的分析中来看，我国教师队伍的专业化受到很过因素的制约和影响，这其中包括国家、学校和教师自身。首先，我国的教师队伍发展不平衡，自身素质低，专业化的程度、职业认同感和社会荣誉感较低。其次，从制度层面来说，教师队伍的专业化发展没有相应的制度作保障，有关教师的相关制度和政策因为管理层和学校所处的发展阶段的影响，使得制度和政策不能有效的落实，教师队伍专业化的制度建设任重道远，其完善还需要一个过程。政策和制度的制定只是一个开始，其最终的贯彻和落实仍需要社会各界的认同和支持。学校的教师队伍的专业化建设和发展的过程需要政策和制度的保障，同时也需要社会各界的广泛参与和支持。

第二节　我国教师教育发展机制分析

教师教育职前职后一体化发展是当前我国教师教育改革与发展中的重大战略主题之一。在全面推进教师教育职前职后一体化发展过程中，其相应的体制机制创新是深化改革的关键和难点。当前，我国教师教育一体化改革进程中还面临着一些困难与障碍，应通过明确统筹主体、统筹规划教师专业发展目标、建立制度规范、形成协同机制、共建共享优质资源、搭建共生发展平台、完善评价与问责制度等，促进教师教育一体化发展的体制机制创新。

一、教师教育一体化体制机制的内涵

想要准确对教师入职前后的一体化机制进行理解，首先要明确该机制的内涵与本质，对教育体制与教育体制的形成有一个准确的理解。“体制”与“机制”两个词从词义上理解是两个不同的概念，但是当前人民在描述很多问题的系统性时经常将两个词语联系起来使用。“体制”从发展性上来看，是一种具有相对稳定性的规划或者约束，它从静态出发描述相关对象；“机制”含有动态机动的意思，它是从动态的角度对某种规则与体系进行描述的。教育体制和教育机构是两个不同性质的名词，但二者却紧密地联系在一起，教育机构是教育体制实现的载体，而教育体制是教育机构规划与发展的方向。

教师教育在职业开始之前与职业开始之后的一体化机制实际上是教师教育系统的一个组成部分，扮演着教育体制机制的子系统的角色，这一点我们要明确。教师的职前职后教育与教师教育机制二者是整体与部分的关系，相互联系、相互依存，二者的有机结合促进了教师整体教育质量的提高。教师教育的承载主体呈现多样化，教育行政部门、教师教育专业、教育研究机构等部门，都可以承担教师教育；后者的范围则相对狭窄，教师职业教育的承担者一般来说是一体化的教育组织与教育机构，在正常运转的前提下，正常的维持教育职能。教师教育职前职后的一体化发展机制与体制二者是相互联系、相互统一的，从功能上来说二者相互协调，任何一方出现问题都会引起另一方的功能失调。教师的职前教育主要是对教师的教育能力进行培养，而教师职后的教育主要是对教师未来的发展奠定基础，二者在教师职业生涯发展中的定位是不一样的。无论是职前教育还是职后教育都必须依赖教师教育机制各要素之间的相互协调与配合，教师职前教育与职后教育二者共同依附于教育体系为教育职能提供的物质保障与组织保障基础之上。从这个层面来说，教师职前职后教育无论在功能上有所差异，但本质上却存在极大的关联，并且共同统一于教师教育体系当中。

教师职前职后教育的一体化是对传统教师职业教育模式的改进，因为教师职业教育是一个动态发展的过程，传统教师职业教育将教师的职前教育与职后教育分离开来，这使得教师教育的连续性和动态性得不到保证，而职前教育、之后教育的一体化将二者统一起来，实现了教师职业教育的全局性。教师职前职后教育的一体化机制是对传统创新，这种创新不仅体现在对教育机制的改良上，还体现在对教育组织的职能的完善，对教育政策的与教育法规的完善以及对教师个人发展意愿的尊重之上。教师职前职后教育的一体化是未来教师职业教育的发展方向，当前的教师应该认清这一现实，为未来的发展奠定基础。教师职前职后教育的一体化是终身教育理念的切实体现，它符合教师职业的发展规律，对教师职业给予了充分尊重和无限的机遇，为教师职业生涯所能达到新的高度提供了可能性，可以说教师职前职后教育的一体化是面向未来的一种人才培养策略，快人一步当然能在竞争中获得优势。

二、教师教育一体化体制机制面临的困难与障碍

我国传统的师范教育体系分为个组成部分，即教师职前教育体系与教师职后教育体系，且二者之间相互独立，这对我国教师职业培养体系造成了不良的影响。传统意义上来说，教师的职业资格培养从某种意义上来说代表了学校师范教育的全部，但教师职后的进修、技能培训等职后发展却与学校师范教育没有太多的联系，这些活动通常由教研机构、职业培训机构完成。在这样的职业教育系统之下，教师职前教育具有相当高的封闭性，而职后教育则带有明显的独立性，二者很难形成良性的互动。不可否认这种体制在某些特殊的经济与社会条件下发挥了重要的作用，但是就目前的经济与社会发展状况来开，教育体制的开放性在这种体系下被极大的限制，教师的职业生涯发展也受到很大的影

响。随着我国教育改革的不断深入，职前教育与职后教育的互动与融合对于改善当前教师职业教育与职业发展困境的作用将越来越明显，传统的教师职业培养体系势必会被改变。

（一）教师教育职前职后一体化发展缺乏制度与运行方式的规范

教师之前之后教育一体化必须明确制度规范，因为规范作为一体化体制的核心要素在促进教师之前之后教育一体化正常运转具有重要的意义。有的学者指出："教育改革是一项牵一发而动全身的举动，任何要素的改变都会对整体功能的发展造成一定的影响，因此在无论是教育改革还是教育创新，其设想的实现，都必须建立在对整体功能的把握之上。"从教师职前职后教育、教育一体化的角度来说，一体化的实现需要对职前教育与职后教育这两个基本要素，职前教育与职后教育都各自包含各自的子功能实现系统，二者要实现功能上的统一性，必须要对各个子系统的目标与功能指向进行调整，进入新千年之后，我国教育事业突飞猛进，教师教育也随之发展，从总体上来说我国教师职业水平不断上升，教师对于教育事业发展促进作用越来越大。但我们必须看到的是，在过去的十几年间，我国教师教育与培训制度并没有真正进入良性的自我调节与互动发展滞后，教师职业教育的发展大多归功于政策的引导与财政的投入，我国教师职业教育机制内部催生的改革需求并没有得到有效的解决。到现在为止，我国还未形成完整的教师职业教育体系，教师职前教育和之后教育仍然没有建立起有效的联系，从某种意义上来说二者仍然相互独立。

总体上来说，我国教师职业培训发展趋势良好，但还存在很多问题没有解决，无论是在职前教育与职后教育的目标设置、结构设置、组织形式管理机构，还是在二者的功能互补上都没有得到有效的解决，我国教师职业教育仍然还有很大的完善空间。

（二）教师教育职前职后一体化发展的管理权属关系分离、统筹主体缺失

教师教育职前职后一体化发展的关键是要建立统一的管理体制，将二者统一的教师的终身发展之上。但是，从目前来看，师范类高等教育机构与教研机构以及众多的中小学校三者之间权属关系的关联性不明确，职前教育与之后教育在管理和职责上都存在很多功能性重叠与不兼容的地方。当前，学校师范教育、教育行政培训、教育科研机构以及中小学等不同的教师职业教育功能组织之间没有形成有效的功能共同体，相互之间的功能性合作缺乏有效的引导和组织，没有形成自觉互动、互补的有效合作机制。这些机制和功能性缺失使得不同的功能部门之间的功能与职责有所重叠，各自的职能感薄弱，并且整体功能意识不足，造成当前教师职业教育诸多问题。这些问题我们举例说明，比如教师职业培养的目标有谁来制定，如果对教师职前职后教育的教育过程与教育职责进行划分，怎样将不同职业教育主体的功能进行协调与搭配，这些问题都缺乏一个有效的组织来解决。目前来看，当前大多数的教师教育与培训机构都只对自己应该履行的职责负责，不同的教师职业培训机构之间没有有效的沟通，彼此之间的职责未能有效的互补，处于相对封闭的状态。这种做法从两个层面剥离了这些职业教育主体之间的联系，首先管理层面分离，使得不同主体之间在教育的目标与功能上出现冲突，重复建设造成教育资源的浪费；其次，教学层面的分离，使得教师职业教育脱离了教师教育的实际，很多有价值的教育方法与教育理念都没有得到有效的贯彻，使得教师职业教育培训的作用很难得到有效的发挥。

（三）教师教育职前职后一体化发展的目标与课程缺乏全程设计规划

教师的工作对象是学生，学生作为一个具有独立意识的人类个体，其独特性

决定了教师职业生涯发展的复杂性。从教师的工作性质与工作内容来看，教师的工作必须要不断地超越，因为知识在不断跟新，并且学生的接受方式也随着社会环境的不断变化而变化，教师只有不断变化自己的教学方式，提升自己的专业知识与职业技能才能适应学生的变化，履行好自己的职责。教师职业教育体系的更新的主表表现形式是教学目标与课程设置的改编，当前来说教师的职业培训分为三个主要板块，第一个是入职前的教育，第二个是入职时的职业培训，第三个是入职之后的教育与提高，教师想要实现综合能力的提升，必须将三个方面有机地结合起来。教育部在 2011 年颁发了《教师教育课程标准》，2012 年又颁发了《幼儿园教师专业标准(试行) 》《小学教师专业标准(试行) 》和《中学教师专业标准(试行) 》。这些文件虽然主要对教师入职之前需要具备的职业技能进行规定，但从终身教育的角度来看，这些基本标准可以作为教师职业后培训的蓝本，因为无论是何时，教师教育的基本技能需求都不会发生重大的变化，唯一不同的对基本教学技能层次上的要求。

学校是社会的智力高地，并且是社会优质教育资源集中的地方，学校要充分发挥自己的优势与地方政府、教育科研机构以及中小学校之间进行有效的交流与互动，比如由地方政府政府牵头，组织教学水平相对落后的中小学校教师到学校进行针对性的教育技能培训，提升这些学校教师的教学水平，。在这个过程中，教学科研机构可以充分发挥自己的科研优势，找出制约教师职业能力提高障碍因素，由学校落实解决对策，这样可以充分将各种资源充分利用起来，取长补短最大化利用教学资源。

一体化的教师教育课程体系需要充分利用现有的教学资源针对教师职业发展进行针对性的培训与提升。在职业教育培训过程中要充分考虑教师职业发展的特点与情况，将职业前培训与职业后培训充分联合起来，帮助教师讲职业前学习到的理论知识与职后的技能实践结合起来，这样不仅功能明确的划分了职前教育与职后教育的职责，还将二者统一起来，这对于职前教育与职后教育的功能协调有重要的意义。就目前来看，职前教育与职后教育二者还存在很大的互补空间，我们应该充分利用当前的教育资源对二者的互补性合作进行培训，从而保证职业教育发展的完整性。

（四）教师教育职前职后一体化发展的协同动力机制尚未建立

在现行的教育体制之下，不同的教师培训机构以及其管理主体之间至今的合作与联系十分松散，整个教师职业培训体系未形成有效统一的职责划分制度，不同的主体之间按照自己的工作标准进行工作。在教师职前培训阶段，师范教育毕业生是学校按照相关部门设定的标准进行培养的，对毕业生职业资格是教育行政部门认定的，学校作为教育的主体其主观性完全没有得到有效的发挥，实际上教师培养与资格认定是分离的，一旦二者目标出现偏差就会对教师职前的教育质量造成很大的影响。教师的发展并不是单向的，从教育的性质来看，教师必须具备多方面的能力才能胜任教师的岗位，因为知识的学习是没有界限的，各种知识相互渗透、相互掺杂。因此教师仅靠职前的培训是很难达到一个优秀的教师的水平的，教师想要在自己的职业道路上走得更远，就必须充分利用职后的教育提高，这种提高不仅是针对教育技巧的提升，也包括知识储备的提升。因此，就目前来说各地充分利用当地的教育资源，推动“校地一体化人才培养模式改革”是一个有效的探索，虽然具有一定意义上的局限性，是阶段性的过渡策略，但我们要充分利用其中的有益部分，为教师的未来发展创造良好的条件。

教师的专业成长并不是一条直线，而是一个阶段性提升的曲线。职前教育阶段教师的专业成长稳步推进，但入职后随着职业倦怠与发展瓶颈的影响，开始进入停滞期，专业培训、打破瓶颈使得教师的职业能力又开始提升，教师的整个职业生涯在这样的循环中完成的。教师的职业教育是一项复杂的工程，在提升教师职业能力的过程中，我们要充分利用教师职业发展的规律，通过教师职后教育帮助教师稳步提升自己的职业能力。

三、教师教育一体化体制机制的主要内容

教师的职前培养与职后教育是前后衔接的两个部分，二者共同构筑起教师职业发展体系。但当前，教师职前教育与职后教育脱节，两个部分属于不同的教育系统，在二者统一发展的过程当中，谁来负责二者的协调工作，制定合理的课程系统，保证实施的效果并没有明确的规定。就教师的职业发展来看，中小学教师的发展日益多元化，教师的职前教育必须与职后教育相互呼应，才能建立起全方位提升教师教学能力与教学水平的培育体系，促进教师的职业发展与我国义务教育质量的提高。优秀的教师不是一蹴而就的，需要经过长期的积累与学习，高水平的师范教育学校必须为教师职后的能力提升打下良好的基础。

就目前来看，我国中小学生教师的数量已经能够满足义务教育发展的需求，但在教师质量上还有很大的提升空间，这也是未来师范教育发展的基本目标之一。中小学教师作为义务教育实施的直接承担着，他们的发展需要得到教育行政部门的重视与帮助，在教师的职业培训中，教育行政部门要充分发挥自己的作用和优势，为中小学教师提供良好的培训环境，促进他们提升自己的职业水平，为我国义务教育水平的提升打下良好的基础。

教师教育职前职后教育的发展是一项综合性的复杂工程，想要从整体上提升教师职前职后教育的水平，必须从多个方面共同入手才能起到良好的效果。基于终身教育的理念来说，教师教育发展的一体化实际上是指教师能力的一体化，每个教师都要秉持终身学习的理念，不断提升自己的专业知识水平与教学技能，为教育的发展与改革提供坚实的保障。教师终身学习不仅要针对自己的薄弱环节，还要继续强化自己的优势，将自己打造成一个特色突出、能力全面、的优秀教师。教师一个需要责任心的职业，一旦踏入教师这个行业必须时刻紧跟时代发展的步

伐，将专业知识高效率的教授给学生，这就需要教师树立终身学习理念，不断地进步。

在教师终身发展理念的影响之下，教师职业技能的提升与培训必须要充分考虑与尊重当前的教师培训管理体制。就中小学办学督导评估来说，如果我们只从微观层面对办学工作进行评价，会发现区域义务教育的均衡发展是不可能实现的，因为各种条件的限制，从微观层面来说难以实现均衡发展；如果我们只从宏观层面对办学工作进行评价，由于各种要素的中，区域教育总以某一种状态呈现均衡发展的势头。因此我们不能单纯从某一个侧面来对其进行分析，要将宏观与微观结合起来，既要看到换上的均衡，又要主义微观层面的差距，从而找到思路，促进办学工作向着均衡的方向发展。

（一）确立联合培养、共生发展的理念，构建“四位一体”机构协同的发展共同体

我国师范教育具有相对封闭的特性，并且这种特性的存在具有很强生存能力，这是因为这种封闭性与我国传统教育模式一脉相承具有深厚的文化基础与习惯基础。教师职前教育与职后教育的一体化，必须充分发挥师范学校与、教研机构、政府教育行政部门以及中小学校的作用，从不同的角度对职前职后教育的功能体系进行完善，将四个主题统筹起来形成“四位一体”的综合开发模式，从而避免“一条腿走路”的状况出现，最大限度地保证我国教师职前职后教育教育的一体性与传承性。

改革是打破传统体系，建立新秩序的有效手段。因此，在发展教师职前职后教育的过程中，应该充分利用改革来打破当前我国教师职前职后教育教育的面临的发展瓶颈。打破原有的制度体系意味着对原来机制的摒弃，在教师职前职后教育中改革的目的是对原有的教育之进行重组，对其原有的功能进行新的、系统性的改造，使不同的功能环节之间能够更好地衔接。

教师教育职前职后一体需要从三个方面来对其进行完善。

第一，协调不同教育培训主体机构之间的关系与功能。我们知道在教师职前职后教育的教育培训体系中涉及的功能主体有师范类学校、地方政府部门，教育教学研究机构以及当地的中小学，我们所说的对不同主体之间的关系进行协调，及时对这三者的关系进行协调。对三者关系的协调需要对教师职业培训有一个全面而深刻的认识，只有充分认识到教师职业培训的意义与目的才能更好地从功能上对其进行协调，改变当前不同主体各自为政、相互独立的局面，建立起统一的培训功能体系。

第二，在主体协调上，要明确各个主体的责任划分，将主要职责的承者划定出来，那么主要责任的承担者就成了整个教育培训体系的核心部分，其他主体可以更具核心部分的运转需求，来确定各自的职责和所需要完成的工作，使整个工作系统协调运转起来。

再次，在功能方面，教师职前职后教育的一体化必须充分依赖激励机制的保障，这需要政府在财政和制度上给予一定的支持。财政上的支持是因为教师技能提升培训所需要的场地、教师等资源都必须借助财务的力量完成，此外制度上的支持是对不同主体功能的明确来提升整个系统的运作效率，保证教师职业能力的稳定发展。

（二）实施五项统筹一体化，搭建教师终身学习与专业自主发展平台

事实上，教师的职前教育与职后教育的一体化的目的是包括改善教育质量、促进教育资源的合理分配、统筹我国教师队伍专业化发展、完善我国教师教育培训体系，为我国的教育事业培养具有现代精神与优秀综合能力的新时代教师。当前大多数的教师教育与培训机构都只对自己应该履行的职责负责，不同的教师职业培训机构之间没有有效的沟通，彼此之间的职责未能有效的互补，处于相对封闭的状态。这种做法从两个层面剥离了这些职业教育主体之间的联系，首先管理

层面分离，使得不同主体之间在教育的目标与功能上出现冲突，重复建设造成教育资源的浪费；其次，教学层面的分离，使得教师职业教育脱离了教师教育的实际，很多有价值的教育方法与教育理念都没有得到有效的贯彻，使得教师职业教育培训的作用很难得到有效的发挥。在未来的发展过程中，我们应该充分认识到机构教育的不足，为教师搭建有效的自我学习与提升平台，为教师职业生他的发展提供良好的条件。

教师教育发展平台建设是一项具有创新意义的工作，在平台的构建过程当中，不同的主体之间要协调自己的功能，将所有的培训资源集中到一个平台之中，这并不是一件容易的事。首先教师职前职后教育是一项封闭性较强的活动，不同的主体之间在功能的协调上存在很多的问题，这导致不同主体之间功能协调上存在很大的问题。其次，在技术实现上还存在一定的问题，就目前来看教师在教育中的作用是不可替代的，教师职后培训的参与者都是具有一定教学经验的教师，他们回在教学中碰到各种问题，如果培训专家的引导与解答，仅靠他们自学是很难起到作用的。

（三）制定相关政策法规，落实教师教育深化改革绩效评估的问责制度

教育行政部门是管理我国教师职业教育的主要机构，其颁布的政策与制定的标准对整个教师教育体系具有很大的影响，此外教育行政部门还负责对教师教育主体进行监督。在教师教育体系当中，师范学校、教学科研部门以及中小学校都明确自己在整个教师教育体系当中的位置已经应该承担的职责，积极履行自己的职责，探索教师教育的新途径。教育督导部门主要对各项教育政策与教育指标进行监督与评定，从而对教育政策的推广状况以及当前教育的发展状况进行评估，保证教师教育的健康发展。

在各级政府统筹下，以当前的法律规定为基础，充分结合当地政府制定的各

项教育政策与规定，在不同的主体与区域开展教师教育活动，将教师职业发展与终身教育的理念传递下去。在这个过程当中，教育监督部门制定清晰、明确的教育、教学标准，以此为基础对不同主体的职责履行状况以及教育发展状况进行分析与判定。

第四章　国外教师教育转型发展的经验与启示

第一节　美国教师教育发展的经验与启示

在美国，通过对教师教育的改革来培养更多的师资，主要经历了四个阶段：师范学校——师范学院——普通文理学院——综合大学教育院系。美国所设置的教育结构的主要任务是，设置适应自身的教师教育课程。如果相互间所设置的课程目的和内容间存在较大差异，那么就需要的教育行政部门进行备案，在通过后即可施行。

从整体上看，美国所设置的完整的教师教育课程主要由四个方面构成，即普通教育课程、学科教育课程、教育专业课程和教育实习经历。美国普通教师教育课程于中国的课程结构相比较，最大的不同是，会受到美国高等教育课程思想等因素的影响，这是美国对教师进行职前教育的一大特色。通过本节对美国不同层次教师培养中所设置的课程目标、内容、结构的研究和分析，期望中国在对教师教育制度改革的过程中，能吸取其中的成功经验，去粗取精、去伪存真，为教育模式的改革提供新的视角。

一、美国教师教育课程发展背景表征

（一）美国大学课程思想历史发展背景特征

普通教育课程思想蕴含在美国大学近代课程思想发展中，因此，教师教育课程不可避免地会受到这一思想的影响。A.S.Packed 是美国鲍登学院(Bowdoin College) 的教师，其在 1829 年提出了“普通教育的理念”。自此之后，关于普通教育和专业教育到底哪个更为有价值的争论，就在美国高等教育界开始了。

美国第三次普通教育思想运动在 20 世纪四五十年代被发起，发起者主要是美国的政府机构以及国内崇尚人本主义和要素主义的教育家。该次运动规模巨大，得到了当时全社会和众多教育专家的积极响应，对高校课程思想的发展产生了重要的推动意义。在该时期的教师教育改革中，哈佛大学《自由社会的普通教育》报告书和美国总统高等教育委员会《美国民主社会中的高等教育》报告书是其中的代表作品，受到了当时学术界的欢迎。

培养学生正确的价值观和知识观，平衡普通教育和专业教育之间的关系，这是所有的人们都会关心的重要问题，其决定了国家未来教育的发展方向以及人才的培养。在美国的课程教育中，教育者们达成了共识，即高校实行普通教育的主要目的是，为公民的基本生活提智慧的帮助，而并不是要培养精通某项专业的高级技术人员。在当时的环境中，普通教育所处的地位是与专业教育相等的。美国在对教育课程进行设置的过程中，根据人们需求的不同，按照相应的比例进行课程设置，二者之间是相互依存、相互补充、先固话促进的关系。

20 世纪 60 年代，美国爆发了学生运动，并且在“苏联卫星上天”的刺激下，科学主义大学课程思想对普通教育的发展产生了重要的影响。此后，美国大学课程思想主要以教育领域的“通才”和“专才”为主，该种思想持续了很长时间，直到 1975 年哈佛大学核心课程体系的成功实施之后，这一状况才得到改变。在改革后的课程体系中，不仅注重培养学生的专业知识，同时还为实现人的全面发展制定了多项教育措施。但这个课程体系也存在很大的问题，其没有使用自有选修和按科目内容托类的普通教育，并且也摒弃了那些为满足市场需求而制定的以职业教育为导向的课程规划模式。该项课程体系存在的诸多弊端，也就表明其不可能成为引领 21 世纪大学课程的思想，因此著名高等教育专家拉克•克尔提出要对大学课程进行改革的观点，希望在高等院校中建立以整体知识观为基础的大学课程模式。这些教育研究者认为，在对学生进行教育的过程中，不仅要注重培养他们的专业基础技能，同时还要培养学生的整体观，可以涉猎更加广阔的科学领域，在与某一领域较为深入的专业知识相结合后，能否为未来公民的工作和生活做决策的过程中，提供策略上的支持。

整体知识观的提出和倡导，启发了美国教育学者对教育课程体系进行新的改革。提倡跨越科学领域，在综合领域内开展对学生的课程教育。在对课程结构进行规划的过程中，不以学科分类对高等教育课程进行设置，而是在满足社会发展和科学进步需求的前提下，逐渐将普通教育与专业教育相融合，在对学生进行专业教育的过程中，融入普通教育的课程，从而帮助学生建立起综合的知识结构，建立全局观念。

（二）美国教师教育培养机构层级化发展特征

金字塔形态的等级体系是由美国教师教育培养机构所建立的，该体系的提出对美国教师教育课程也产生了重要的影响。早期的中学师范班和公私立师范学校是美国教师教育培养机构的主要组成部分。该体系在 20 世纪 50 年代和 20 世纪 80 年代经过了两次重要改革，并在教育水平方面获得了很大的提升。当前，美国教师教育的培养主要来自于两个方面，一方面是公私立综合大学教育院系，另一方面是普通文理学院教育系，这二者相互配合，使得层次更加分明，在功能上也更趋向于完善。在该教学体系中，处于最高层次的是哈佛大学、普林斯顿大学、哥伦比亚大学等综合性研究型大学，他们是美国乃至全世界的最高等学府，拥有着最为丰富的教学资源，对美国教师教育的理念和发展方向起着引导性的作用。很多优秀的毕业生在经过这些高校的教师教育培训之后，都走上了各大高等学校、教育研究机构和教育管理机构的主要地位，参与到美国各种教育改革的制定之中，为美国教育事业的进一步发展做出了重要贡献。州一级或地区的诸多公立(私立)综合性大学，位于金字塔形态的登记体系中间的位置，在接受这些大学的教师教育类专业的学习之后，大多都进入到了美国中小学之中入职，成为该部分学校师资力量的主要来源。处于该教育体系最底部的是，美国存在数量最多的社会学院和培训机构，这与中国的教育现状存在很大的不同。这学院所设置的教师教育专业的学时通常是两年，优秀青年在此毕业并接受考核之后，才能获得该学校颁发的毕业证书和副学士学位(Associate Degree) 。这些已经毕业的学生并不能直接进入到教师行列，而是需要在综合性大学继续进行深造和学习，接受更为专业的教育教学培训，然后在以优异的成绩完成实践项目，获得相应专业的学位之后，才能被允许进入到教师行列，在学校中得以任教。美国还设置有多种多样的教育培训机构，他们所提供的教师教育培训课程更为多样化，并且培训周期也更为灵活，并且在学生完成培训课程之后，这些培训结构还会为其颁发多种学习经历证明。但是，由于高层级教育培训层级掌握着正规的文凭和学位的认定职责，因此这些教师教育培训机构通常都只能是被当作是提供辅助型帮助的机构，学生在这里接受的学习和培训，不能帮助他们获得教师职业的资格。

美国所设置的该种金字塔形态的等级体系，使得美国教育培训机构出现了层级化，这对美国高校教师教育的课程结构设计也产生了重要影响。尤其是对师范专业课程的设置过程中，该影响表现得更为明显，不仅需要对文理科的基础知识和专业学科知识进行融合，并且还要融入教育学知识和教学技能的要求。一些综合性大学实行的是五年制的本科教师教育，在前两年学校会要求学生掌握“通识教育”的相关课程内容，其主要目的是为未来对学科专业知识、教育知识和技能的学习打下坚实的基础。在教师教育未来两年的学习中，学校会设置更为专业的学科知识和教育学知识的课程，提高学生的专业能力。在第五年的教师教育课程中，会让学生通过实习项目接触实践内容，以便能够将已经学到的专业知识、教学技能付诸实践，掌握熟练运用的能力，提高这些学生的实践教学能力，为以后进入高校担任教师职位打下基础。美国所设置的这种五年本科教师教育课程设置，体现出了气对课程整合性和融合性的要求，只要表现在，该种课程设置学生的教学实习极为看重，并对中小学新任教师入职教育给予了更多的关注。

（三）文理学院自由教育对教师教育课程发展影响

对美国教育发展的影响最为深远的其中一个要素是，提出了文理学院的自由教育精神办学。美国高等教育学校最先提出了四年制“文理学院”，开创了四年制高校课程设置的先驱。早期的哈佛学院借鉴的是英国“Liberal Arts College”的发展模式，直到现在他们仍旧遵循着大学时代的“学院理想”(College Ideal) 。在美国的高等院校中，其中的少数综合性大学所设置的文理学院承担着实施通识教育的任务，其余的本科学院，主要以层次高于社区学院的小型私立文理综合学院，所承担的主要任务就是教学，他们的教学目标就是要为社会的发展培养更多的领导型人才，提高他们的公民意识和社会责任意识。美国大学的四年制文理学院，在卡内基分类标准中主要属于艺术与科学类。在对近年来的高校教育统计数据进行分析之后，可以发现，当前在美国实行独立办学的文理综合本科学院有 280 多所，达到了美国本科层次以上高等教育机构的六分之一，遍布美国 37 个州，达到美国搞得你给教育机构入学人数的 3%。美国高校所设置的文理学院，为美国教师教育的普通教育提供了精神内涵和实践操作模式。“自由教育”是这类文理学院所遵循的教育哲学，实行教育的目的就是要传播知识，“自由”“理性”和“民主”是这些高等院校实行教师教育所遵循的原则，帮助受教育的学生培养起自由、公正、理性和智慧的生活和学习习惯。

与一般的高等教育机构相比，文理学院要更能维持实现教学和科研之间的平衡。教学是文理学院最先需要承担的任务，他们更为看重本科的教学工作，这是其他的高校所不能做到的。作为一名教师，其在承担教学任务的同时，还应该是一个严谨的科研工作者。作为一名优秀的教师，其不仅要能准确把握最新的科学发展动向，投入到文化潮流的磅礴发展中，还应当具备一种理性的批判精神，成为文化领域的“侠者”。文理学院就是在遵循这种办理理念的指导，提倡教师教育所培养的教师，在未来担任教师职位之后，要永远保持对学习的热爱，提高自身的专业素养，为社会输送合格的人才，用批判性的思维对待工作和生活。

通常情况下，在教师教育培训学校设置有文理综合学院的，学生都可以通过自有选课的形式来完成学位，该种学校为学生选修提供的备选课程可以分为三个部分。新生通识教育课程、与教师教育有关学科专业课程、纯艺术类课程，分别占到了总课程的三分之一，其中的纯艺术类课程主要指的是雕塑、音乐、舞台艺术等选修课程。需要注意的是，这种所谓的自有选修课程是相对的。通过学分限制的形式，美国的文理学院就可以对学生选修的课程的必修课程进行限制，将其分为社会科学类、人文课程类以及艺术类等几个部分。同时，学校还会对选修课的分布结构进行限制，避免学生在选课的过程中出现文理偏科的情况，从而为社会培养出优秀的全面型人才。

二、教师资格认证制度影响下的教师教育课程设置

在美国教师资格认证制度的标准的指导下，教师教育课程有了更多的发展。在美国的教育学界，规定教师的教学质量必须是高水平的，并具有统一性，由统一的结构进行规定，并且还针对教师的教学质量评估制定了一整套的系统。该评估体系需要对一名优秀教师应具备的所有能力和素质进行考察，并且还可以通过一定的渠道收集到该教师在入职准备阶段的情况，包括教师基本技能的掌握情况，所具备的学科知识，以及课程设置等问题。从这里我们就可以看出，在美国教师资格证的获取，不仅会影响到各类师范专业学生的培养，而且还会影响到高校对教师教育教学实践和课程的设置。从美国各类研究型大学的课程设置来看，他们将教师教育课程规定为五年的学时，在前两年主要培养学生的普通教育内容，接下来两年注重培养学生的专业课程教学能力和知识学习积累，

第五年则要求学生要参与教学实践。美国早期的教学文硕士(M.A.T) 就是通过该种方式所培养出来的。弗吉尼亚大学近年来对 BA/MT 学士—硕士双学位型人才的培养中，在前两年主要注重对其进行普通教育和学科专业训练，从第三年开始才对其进行教师及爱与专业培养，参与相应课程的学习，减少普通教育所占据的课时。在这一期间，学生可以接受更多的整合性课程教学。从高校的教学手段和学科结构设计上来看，在不同的任教学段，所设置的不同类型的课程比例是不同的。例如，任教初等教育(6～12 岁学龄学生) ，教师教育的主要课程是艺术、健康、数学、音乐等，在文科教育与专业教育所占的比例上，基本上是平衡的。任教中等教育(7～12 年级) ，就需要对教师教育课程的任教学科进行进一步细化，并且针对教学中的一些专业议题来对教学课程进行设置。例如可以设置专门的课程理论、阅读写作和科学素养课程，以此来将对学生的培养重点集中到某一固定的领域。

三、美国教师教育课程整合对我国教师教育改革的启示

在对美国的教师教育课程的整合过程所进行的研究，其主要目的是要为我国教师教育课程的改革提供借鉴。美国教师教育课程的合理性、融合性和适应性等优势，都可以运用到我国课程的改革中。此外，美国教师教育中对普通教育课程文化、建立分类的开放式课程体系以及教师资格证书课程内容的平衡，都对我们的改革都具有重要的借鉴意义。

(一) 培育普通教育课程文化

我国对教师教育的模式改革也进行了一定程度的探索，但是由于我国大学课程的思想发展时间较短，并且形式较为单一化，因此就使得改革的过程中缺乏普通教育的文化氛围，整个改革体系没有系统的理论作为指导，导致推行的改革制度呈现明显的混乱和零散状态，没有发挥这些改革措施应有的作用，没有在培养

优秀人才和构建社会价值中发挥积极的作用。从我国教师教育改革的总体状况来看，改革的主要目的是提高这类学生的人文素养和科学素养，对以往的教学结构进行调整。在对核心课程进行设置的过程中，要着重培养即将走上教师岗位的学生所应具备的综合素养，突破原有学科专业模式的限制，在对师范学生的课程设置上，注重平衡综合理科和综合文科课程所占的比重，培养学生在文理学科方面的综合素质，实现普通教育和专业教育间的相互融合和渗透。

(二) 建立开放灵活课程体系

从美国教师教育课程的设置情况来看，其设置模式较为灵活，并且课程类目较为齐全，对学生的课程选择进行分类指导，这都充分显示了美国高校对学生主体自有选择的尊重。中国教师的教育模式与其相比较，就显得较为僵硬和形式化。中国的高校应看到这一弊端，并制定相应的措施，逐渐改变这种情况，探索开放灵活的课程体系。在这一过程中，必须要先对以往封闭式的教师教育模式发起挑战，在教师教育课程设置中更多地融入研究性和综合性大学中所设置的专业学科，培养学生的综合能力。其次，还要建立灵活性的课程体系，以此来培养不同学科和不同年龄的教师，在课程分配比例和课程的综合整合程度上要突出个性，符合本学校的实际情况，满足社会对教师的要求。除此之外，我国教师教育的改革还要制定灵活的教学形式，对课时安排也要坚持多变性，鼓励学生自主进行探索。根据课程所具备的特点，由任课教师来自有进行课程的设置，突出课程设置的开放化和多元化。

(三) 教师资格证书课程平衡

我国的教师资格制度从诞生到现在已经有十多年的历史，教育学和心理学等学科仍是该项考试的重点，但是对于基础知识的考察却不够重视。而从美国的教师资格证获取来看，无论是在考试内容、普通教育知识、学科专业知识、教学专业方法，还是在教育政策法规等方面，都实现了相对的平衡，所培养出来的教师具有较高的综合素质，这是值得我们所借鉴的。要做到这一点，就必须要考虑到三方面的问题：

第一，我国区域辽阔，不同地区的教师教育发展水平间存在较大的差别，因此在改革的过程中就必须要对这种情况进行整合。

第二，不同层级，不同种类的教师资格证书，对于教育课程的设置也有着不同的要求。

第三，对教师教育课程的改革，还必须要考虑到对教师教育绩效的评估和资格晋升等方面的问题。

第二节　英国教师教育发展的经验与启示

对于一个国家来说，想要提高本国的教育质量，首先要做的就是提高教师的教育水平，因为这将对教师教授课程的能力产生直接的影响，进而影响到整个国家教育事业的发展。从这个层面上来说，想要推动我国教育事业的发展，就必须要提高教师教育水平，这是奠基石。当前，我国所实行的是科教兴国战略，因而必须要建立一套系统的、科学的、高质量的现代化教育体系，在当前的中国国情下，构建一套具有中国特色的社会主义教师教育模式。伴随着时代的变迁，我国教师教育事业的发展也经历了多次改革。在原来我国教师教育模式主要实行的是苏联模式的“师范教育”，而在我国实行改革开放之后，则开始逐渐转为“教师教育”，使得教师教育模式更为科学化和专业化。[1]

当前我国经济正在经历大发展时期，教师教育事业的发展也受到了影响，需

[1]栾学东．数字化背景下在职教师教育教材开发的三大走向[J]．教师教育研究，2014(12)：36-37．

要进行一系列的发展和变革，以此适应社会不断发展的需要。随着我国经济和科学发展水平的不断上升，这也对教师教育事业的发展提出了更高的要求，促使教师教育事业迈向一个新台阶。在进入知识经济时代后，信息事业迅速膨胀，这就促使原本对教师实行的阶段化教育逐渐向终身化方向发展；经济发展对人力资源进行的市场化调节，促使原本封闭的教师教育体系逐渐走向开放化；社会的发展带来的公民在公众价值观上的变化，使得人们对于教师的教学质量提出了更高的要求，这也就使得原本崇师尚德的教师教育逐渐向专业化和职业化的方向发展。

为满足社会发展的需求，尽管我国已经对传统的教师教育模式进行了一系列改革，但是由于改革的实践较短，使得当前的教师教育模式仍存在很多的问题，具体来说主要表现在以下两方面。

第一，对教师教育资格的认定，在将原来封闭性的教师教育模式转变为开放性的模式，这个过程存在较大的漏洞和缺陷，更多的青年参加考试的目的只是为获得教师资格证，但是在教学能力上却没有大水平的提升。

第二，尽管我国教育行业为实现教师教育的专业化和职业化做出了很多努力，但是在实际实施的教育模式和课程设置上却没有达到教师教育的要求，对教师教育实行的专业化教育没有达到预期的效果。

针对上述问题，我国教育学专业也进行了不同方法的尝试。并在对英国教师教育的发展历程中得到了启示。英国是最早提出对教师教育进行改革的国家，其在改革的过程中获得了很多成功的经验。针对我国教师教育发展的实际情况，我们应当适当借鉴这些成功的经验，为我国教师教育行业的发展做出更大的贡献。

一、英国教师教育改革发展历程及主要措施

(一) 18 世纪至第二次世界大战期间教师教育的发展

18 世纪中期，英国开始了第一次工业革命。这次工业革命对推动社会民主化进行起到了重要的作用，并对公民提出了更高的要求，促进公民掌握更高的科学

技术和参与公共事业的能力，这也就迫使英国社会要建立一套完整的公民教育制度。在这种情况下，就促使了“导师制”的出现，这是英国国教牧师贝尔和公谊会教师兰喀斯特在伦敦南沃克地区所创办的一所学校中实行的[2]，这同事也是英国现代教师教育的起源，具有师资培养的性质。

英国国民教育的进一步发展，是以《1870 年初等教育法》的颁布实施为标志的。在当时的社会情况下，人们对教师的质量也提出了更高的要求，私立师资训练机构所培养出来的教师已经不能再满足社会发展的需求，因此这就推动了公立师范学校的出现，以此来培养高质量的教师资源。到了 19 世纪末，英国师范教育开始向大学转型，这是因为在这一时期，英国政府开始与大学展开合作，开始对学校教师的培育工作进行规范。标志着地方教育当局参与师范教育的开端是，1904 年赫里福德郡师范学院的成立。英国现代师范学院的前身就是这些日间师资训练学院。这些日间训练学院主要有，曼彻斯特大学、纽卡斯尔大学、卡迪夫大学、伦敦大学皇家学院、伯明翰大学、诺丁汉大学、谢菲尔德大学等。

在 20 世纪 20 年代之前，英国大学在学校内部建立了日间师资训练学院，这是其参与师范教育范畴的一个重要表现。英国大学所涉及的日间师范管理学院，虽然从管理上说仍然属于学院，但是学生最后毕业所进行的考试和所获得的成绩报告制度，却与大学之间没有了所属关系。在经历了第一次世界大战之后，英国社会的进一步发展又对教师教育制度提出了新的要求。英国国内的师范教育机构也发生了一系列的变革，这主要是由于英国在初等教育的继续发展、中等教育的扩张、大学教育科学发展问题、日间训练机构等方面存在的多种问题和缺陷所造成的。针对这一情况，英国的教育学专家提出了一系列的改革措施，扩宽了日间师资教育训练的任务范畴，不仅要为小学教师提供培训课程，并且也要为中学教师设置相对应的专业培训课程。这些日间师资培训机构为英国教育事业的发展培

---

[2]刘复兴．我国教师教育的转型与政策导向[J]．高等师范教育研究，2004(04) ：49-50．

养了大量优秀的教师资源，但是在不久之后，其所承担的教师教育责任则由英国的大学教师培训部所逐渐取代。

(二) 第二次世界大战后教师教育的深刻变革

英国在经历了第二次世界大战之后，政府和社会关注的重点都聚集到了教育事业的发展和改革上，这就使得大学中所承担的培训教师的任务逐渐向地方开始转移。1945 年世界格局的变革，无论是对英国还是对其他临近的国家，都提出了巨大的挑战。他们开始怀疑英国的工业、技术和所处的商业地位，并且也还是怀疑想要通过先进的教育制度培养出优秀的人才来担任社会中的重要职位是否是正确的。面对这种情况的出现，英国开始着手建立福利制国家，并对国内的教育制度开始进行改革，希望通过这两项措施的实现来复兴国内的经济发展状况。

《罗宾斯报告》和《詹姆斯报告》的发表是造成英国大学教育学院建立的最主要因素。通过调查，《罗宾斯报告》对英国现有的高等教育制度进行了全面的分析和论述，认为想要提高英国的教育水平，首先要做的就是要扩大高等教育的规模，将当前国内现有的高级技术学院都升格为大学。该报告还对 1980 年经济和社会发展的希求进行了预期的分析，希望通过改革的方式能够满足这些需求。此外，该报告还对当前英国教师的配备、经费以及学校内部的管理、学术自由和管理机构等方面出现的问题进行了探讨。《罗宾斯报告》提出，针对国内当前已经设立的师资培训机构，要进一步扩大招生规模，同时还要为建立新的师资培训机构做出资金和政策方面的补偿；在对优秀青年提供教师教育的过程中，还要建立及爱与学位课程制度，提高这些学生的专业化水平；主张将教师培训学员改为独立的行政管理机构，给予其足够的权利，促进教师教育事业的进一步发展。而《詹姆斯报告》的发表则针对英国教师事业的改革提出了三方面的意见：

第一，要对师范教育的整个机构重新进行整合，对地区设置的师资培训组织予以取消，他们的职责由新的教育学院和地区委员会所取代。

第二，建议对教师实行终身制教育，教师应终身进行学习，保证教学水平的专业性。

第三，应当为教师提供继续学习的机会，建议每七年为教师要进行一次脱产学习，为期一个学期。

1975 年 7 月，英国教育和科学部颁布了《继续教育规程》文件，其是在《詹姆斯报告》和教育白皮书公布之后才颁布的。该文件中，提出在大学之外的场所，这里的师范教育和继续教育应形成一个完成的体系，实现国内教育系统的紧密联系。[3]地区师资培训机构在完成了他们的使命之后，被彻底取消。该文件的颁布，表明英国师范教育长期持有的独立地位被彻底取消，地方教育学院在长期归大学管理的历史被终结，正式成为了高等教育的一项重要组成部分。英国的公共高等教育开始由多学科技术学院和地方教育学院共同构成。这一文件及措施颁布之后，表明英国漫长的对师范教育机构的改革正式完成，英国的教师教育事业迈入了一个新阶段。

二、英国教师教育发展历史经验分析

（一）尝试教师教育改革与创新方法

随着时代的向前发展，英国的教育形式也在不断发生着变化，针对这种情况，英国教育界先后制定了“教学优先方案”“学校体验”等教育方案，以此来解决教师教育中存在的问题。在 21 世纪初，英国针对教师的职前培训，制定出来了一套“教学优先方案”，为教师教育开辟出来了一条新的途径。该方案不能是对教师的培养，同时还培养学生的领导能力。具体操作流程是，每年在英国一流大学的优

---

[3]荀渊．推进教师教育改革，提升教师专业化水平—第六届中日教师教育研讨会综述[J]．教师教育研究，2004(05) ：38-39.

秀毕业生中进行招募，让他们去其他的城市接受两年教学工作的挑战，并为其提供接受培训的机会，在培训结束之后，学生可以根据自身的实际情况和情感意愿，选择未来继续从事教师职业，或是可以选择其他的职业。

英国的教育水平也存在严重的不公平现象，尤其对于那些少数民族人口较多的城市学校来说更是如此，这些学校的学生较为顽劣，不仅学习态度散漫、成绩差，并且对教师和学校也带有敌意，学校对这些学生不能实施有效的管理，这类学校通常被称为是“富有挑战性的学校”。教育优先方案正是为了解决上述教育问题所提出来的。相关部门会从高等大学挑选出一些优秀毕业生，然后让这些学生进入到“问题学校”接受两年的教学任务，鼓励他们接受这项挑战。该项措施有利于缓解教师教育培训中出现的矛盾，同时对于“问题学校”问题的改善也起到了一定的积极作用。该项措施从开始提出到2009年上半年，共有1500名毕业生接受了这项挑战，在接受了教师教育的正规培训之后，进入到“问题”学校进行教育整改工作，做出了很大的贡献。

“教学优先方案”的实施，起到了两方面的积极作用：第一，对英国社会中存在的弱势群体教育问题进行了改善，有利于促进教育公平的实现；第二，为那些从高等学校毕业的优秀学生提供了就业机会，不仅可以直接获得教师资格，并且还可以获得免费的教师培训和领导能力培训的机会，在个人职业生涯的发展中画出了浓墨重彩的一笔。

第一届“教学优先方案”培训班是在2003进行开办的，在此之后两年内，伦敦城市大学教育政策研究学院和格拉斯哥大学对该项教育方案的实施进行了详细的追踪调查。在对调查数据进行总结分析后发现，接受过教师教育培训的教师与其他的教师相比，所具有的教师专业能力要更强，能够积极主动举办并参加课外活动，并且对教学技术和教学手段的运用也更为灵活多样，这对提高英国问题学校的教育情况起到了很大的积极作用。这些被挑选出来的教师在经过两年的教学磨炼之后，选择继续留在教学岗位的有47%，重现选择就业职位的达到了31%。从总体上看，“教学优先方案”的实施为英国教育的教育事业起到了重要的推动作用，其创新性的将教师教育能力与领导管理能力培养相结合，使得学生、学院、培训学校等多方面都从其中获益，并且之后参与其中的学生和机构的数量也在逐年增长。

为了将教师教育理论能够与实践紧密结合，英国政府和教育研究者进行了长时期的思考，在全社会范围内要求提高“学校真实体验”的地位，针对实践教学中出现的问题，鼓励师范院校的学生积极展开思考，并找到相应的解决措施。

（二）循序渐进的改革和重视社会团体专家的建议

英国所具有的特殊的文化特点和阶层构成，决定了英国的社会具有相对稳定性。因此在对社会制度进行变革的过程中，通常都会制定一些较为温和的手段，虽然在刚开始这些改革措施实行的效果不够明显，但是长此以往，就会收到极佳的效果。政府所实行的各种改革措施，会收到渐进性的效果。在经历了第二次世界大战之后，教育开始在全社会普及开来，并且教育培养的层次也明显提高，政府对教育领域进行的改革主要针对高等教育，对教师培养的最低要求是获得学士学位。在此之后，英国的教育界开始对研究生学位加以重视，并获得了较大的发展。

社会团体、专家、社会中介组织在社会发展中所起到的作用，历来都受到英国的重视。1877 年之后，英国教育联合会开始在国会中起到越来越重要的作用，这是因为在一年，英国教师联合会开始派代表参选国会议员，英国教师开始进入政治舞台。在此之后，一些教师联合会的成员开始陆续进入到政治领域，包括议院议长金、外交大臣斯图尔特、教育内阁大臣肖特等人。在此之后，教师组织就可以参与到国家对教育改方案的改革和制定中，有利于提高政策的实效性。并且英国教师联合会与教师职业协会、英国教师与讲师协会等组织之间的合作也得到了逐步加强。这使得英国政府制定与实施教育整的效率大大提高。这是因为，在英国所有教育政策的是都要体现寻求社会各界的意见。英国著名的《詹姆斯报告》就是制定政府教师教育政策的基础。从这里我们就可以看出，英国教育理发的过程是大众化的，是公民意志的集中体现。英国的教育法体现了规范性、稳定性、强制性等特点，这些教育法都是由英国的立法机构或是由法院的司法判例所确定的。

这些教育法的实施对英国教育的发展起到了重要的推动作用，具体来说主要表现在两方面。从微观上说，可以对各位干涉不同类型学校管理的权限进行限制；从宏观上看，则可以对全国的教育发展起到规划与引导的作用。

（三）重视理论与实践相联系

在英国，实行的教师教育都是与中小学课堂实践相结合的。这些学生在接受师范教育的过程中，不仅要进行课堂教授，并且还要进行课题研究、实践调研，甚至和报告会和讨论会等多种形式。众所周知，经验主义哲学起源于英国，并在英国的发展源远流长，众多著名的研究者和专家的学说都对英国教育的发展起到了重要的影响作用，包括洛克、穆勒、边沁等。例如，将经验主义哲学成功应用到教育学上的典型案例是，洛克的《教育漫话》。经验主义在英国的教师教育领域中受到很大的重视，教学的实践环节是最为明显的体现。此外，为了实现经验主义在教师教育领域的融合与运用，很多私人团体也为此提供了专业和资金上的支持。

在英国的大学教育学院中，学生见习会分为多个阶段分别进行。但是这些见习环节又是相对集中的，学生在师范类教育课程中，实践体验会始终贯穿其中。学校重视将即将从事专业课程教学的教师的理论课程培训与实践体验相结合，并对这些师范类学生进行有计划、有步骤地进行教育工作能力的培养和提高。在师范类学生的教育和培养的过程中，一个必要的过程就是要进行校本研究，这有助于帮助学生能够更为清楚地理解教学的复杂性，帮助他们将教育理论与实践有效相结合。通常情况下，学校发展的实践需求和在运行中所凸显出来的问题，是校本研究的主要研究对象，而研究的主要力量就是学校的教师。在采用多种方式进行严密的研究之后，所得到的研究成果将被直接运用到学校的教育教学活动之中。通过该项研究，学生可以将研究、理论与实践进行有效的结合，帮助这些学生亲身体验教学过程，将自身融入真实的教学场景之中，将理论知识灵活运用的实践教学之中，实现理论与实践的有效结合。

三、英国教师教育经验对我国教师教育发展的启示

（一）对我国教师资格认证标准制定的启示

英国针对“合格教师资格标准”所制定的内容框架，可以看出政府要求教师终身进行学习，不断提高自身的教习能力，在这一过程中始终有相应的标准对其进行监督。教师资格认证标准中，要求教师必须要具备扎实的多学科知识，并且具备深厚的文化底蕴，能够按照“合格教师资格标准”的要求，对学生进行授课，帮助学生理解并掌握知识。在英国，作为一个合格的教育者，就应该掌握多方面的专业知识，包括专业基础知识、教育技术知识、学科知识、教育科学知识等。通过对这些知识进行有效的整合，使其成为一个有机的整体，能够相互渗透和相互支撑，为未来教师职业的发展奠定坚实的基础。

在我国的教师资格认定中，对教师实践技能方面的要求也提出了更高的标准。从上述中可以得知，注重教师的实践技能是英国教师教育中最为显著的特点，这同时也是我国教师教育改革中急需要解决的问题。英国所设置的“合格教师资格标准”的框架结构，其中开辟出了专门的板块来对教师的实践能力提出规定和要求，包括教师课堂教学设计、教学计划的实施、课堂管理、教学评价等方面，这些都可以充分表明，英国极为重视教师所具备的专业能力。此外，我国在对教师教育进行改革的过程中，也要加入对教师全球化、多元文化意识的培养，注重培养教师的专业精神，帮助其树立起对教师教育事业的崇高信念。

（二）我国教师教育转型过程中加强政府政策导向作用

从当前我国教育事业的发展来看，我国的师范教育机构已经开始转型，教师

教育的任务开始由各地的高等院校来继续进行承担。由于我国各地的经济发展不均衡，这就导致了我国各地教育资源也呈现出了严重的不均衡性。对于不同的地区，所设置的教师教育机构，所培养出来的教师的质量水平也存在很大的差距。针对这种情况，各地师范教育培训机构，应当根据自身的实际情况，有针对性地制定机构的转型的时间和具体的转型方式。

在对我国的教师教育模式进行改革的过程中，英国的渐进式转型模式是很值得借鉴的。根据各师范院校自身实际情况的不同，在对教师教育模式从定向封闭性向多元开放性进行转型的过程中，那些具有较多优势的高等师范院校，可以采取渐进性的措施逐步完成向综合性大学的转型。从英国教育机构的转型过程中来看，政府在其中发挥了重要的导向性作用，政府制定了一系列的报告和文件来对教师教育的改革措施进行引导，甚至还会成立专门的行政部门对改革进行指导，并且还为改革提供了专门的教师培训费用。

我国教师教育模式进行改革的过程中，政府也应当参与进来，全面对我国当前的极爱是教育现状进行分析，借鉴国外成功的教育改革经验，鼓励全社会的社会团体和专家学者参与到改革的建议中来，为改革措施的制定献计献策。在 2004 年举办的全国教育论坛中，袁贵仁指出：在教师教育方面所展开的工作，不能仅仅局限于师范教育领域，必须要拓展到全国范围的各个领域，最终建立起一个全面的、广泛的教师教育新体系。

从英国教师教育转型的整个发展历程中，我们可以看出，其中存在的最主要的矛盾就是师范性和学术性之间的矛盾和冲突。其中最为电影的案例是，是否要将中小学教师的培训加入到大学的教育课程之中。“校本职前教师培训”是英国教师教育改革中最具价值的措施，指出公民要加强对教师实际教学能力的培训，充分发挥出中小学教学实践基地的作用。在这一过程中，要把握适度的原则，如果处理不当，可能会降低大学在培养教师中所起到的重要作用，对教师学术能力的培养也可能会被忽视。同理，我国在对教师教育模式进行改革的过程中，师范性和学术性理念的矛盾和冲突也是实际存在的，并且矛盾也更加突出。这对我国教师教育机构的转型提供了宝贵的经验，即要正确把握师范性和学术性二者之间的平衡，找到二者之间的结合点，不仅要培养教师的学术性，同时还要提高教师的教学实践能力，实现二者的有机结合，这样才能达到教师教育改革的最佳效果。

（三）重视高等师范院校与中小学校合作对教师的培养

在英国，实践能力是教师教育最为注重的方面。随着市场机制的不断作用，在英国的教师教育领域中，开始出现了与中小学开展合作的首次尝试。合作式师范教育最成功的模式之一，莫过于牛津大学教育研究系与牛津郡的中小学之间建立了长久的合作关系。

我国的高等师范院校，通常是教学与科研并重，在教师教育和教育原理方面，已经积累了丰富的经验，在培养未来教师方面，也星辰了稳定的理论基础和课程体系。但其中的一个弊端是，由于高等教育研究者没有在中小中任教的经历，因此无法获得中小学教师教育研究的一手资料。在这种情况下，高等教育的研究者就不能切身体会到中小学教育者的教学实践经历，不能准确把握中小学教师教育中存在的问题，也就不能找到相对应的解决措施。为了解决这一问题，高校应当与中小学开展合作，深入到中小学教育的实践当中，这可以拓宽高等教育研究者思考的视角，所提出的教师教育理论问题更为符合中小学教师的切实需要。这样合作的实现，需要政府相关教育机构来促成，制定相应的政策来引导教师加强自身的实践能力。

纵观当前我国教师教育的模式，实践是其最为薄弱的环节。因此在未来的改革过程中，应当要借鉴英国的改革模式，加强对未来教师教育实践能力的培养，增加与中小学教师与学校之间的联系，提高学生在教学见习和实习时间所占的比重。作为高等院校，应当与中小学进行合作，将提高师范类学生的实践教学能力作为资深的责任和义务。当前的高等师范教育，与中小学教师教学情况向脱离，其中一项有效的解决方法就是，在教师教学的过程中，建立起见习、实习、就业相结合的机制，这同时也是提高职前教师专业能力方法中最为有效的一种。在这一过程中，中小学教师也能力更为深刻的理解教育的本质和内涵，提高对教育教学理论的思维能力。

第三节 德国教师教育发展的经验与启示

一、德国教师教育的经验与教训

在对德国教师教育改革发展的历程进行分析后发现，速度快、水平高、质量优是德国教师教育发展的最大特点。在德国对教师教育进行改革之后，广大的儿童得到了接受高质量教育的机会，从国际范围内来看，德国教师教育的发展程度也仍然处于世界领先的地位。德国教育事业能够获得巨大成功的原因主要有，注重对教师进行全方位的培养，注重教师的综合能力，制定专门的标准对教师的职前、职后培训进行规范，教师选拔需要经历严格的流程，重视培养教师的科研能力，并且对教师的待遇方面也极为优厚。但不可避免的是，虽然德国的教师教育存在众多的优势，但美中不足的是，德国所实行的双轨式教育制度并不适应德国的教育发展现状，教师教育的发展也受到了沙文主义和军事主义的限制。因此我国在对自身教师教育进行改革的过程中，要借鉴德国教育改革的优异成果，去除其中的糟粕。

（一）德国教师教育的经验

1. 注重教师的全程培养

德国对教师的全程培养主要表现在三个阶段，即修业阶段、实习阶段以及在职培训阶段。

第一阶段，修业阶段。所谓的修业阶段指的是，学生进入大学的学习阶段。对于师范专业的学生来说，他们不仅要学习专业的理论知识，并且还要参与到教育见习之中。师范生在学校学习的阶段，教师必备的专业知识是必须要学习的，并且还要学习两门执教学科和相关的学科教学论，并且教育科学和社会科学方面的知识也必须要理解和掌握。

对于师范学生来说，其不仅要对专业知识进行学习，同时还要接受及爱与见习。一般来说，第三个学期会被定为是师范生的教育见习时期，见习的实践通常为 5～8 周。见习与实习不同，见习不允许升学上台讲课，只有在获得实习的资格之后，才能够正式上台讲课。师范生见习的过程中，主要是对教育的全过程有全面的了解，包括听老师讲课，学习组织学生，对学生作业进行批改，学习如何管理学生等内容。在师范学生达到相应的条件之后，就可以申请第一次国家极资格考试。考试的内容主要有，毕业论文、120 分钟的书面考试、80 分钟的试讲、短期见习等。在该次考试合格之后，就可以获得国家见习资格证，然后就可以进行第二阶段的学习。

第二阶段是实习阶段。如上所述，想要进入第二阶段的学习，必须要在第一次国家考试成绩合格，并获得见习资格证之后才能进入。在该阶段，主要是对师范生的实际执教能力进行培养。德国是一个联邦制的国家，由于各个州都有各自的教育部门，因此对教育实习规定的具体时间各不相同。一般对教育实行规定的都是一年半，但也有不同的，但是最多的不超过两年半，最短的则为 16 个月。1990 年，德国联邦政府召开了州文化教育部长会议，对师范生的实习期进行了统一规定，确定为两年。其中，引导和试教被放在了第一年，学生在实习开始 4 个月之后，才可以在教师的指导下进行试教。一般来说，上午的主要任务是见习或试教，下午则要在研修班继续接受学习或是与同学针对相应的教学问题进行讨论。在实习的第二年，学生开始独立承担起一个班的教学任务，在继续学习的过程中，准备接受下半年的第二次国家考试。在德国，所举行的第二次国家教师资格开始，通常被设定在每年的 2～5 月。第二次的考试内容主要包括三项内容：第一项是，在众多评委和考试委员会的考评下，进行两节公开课的课堂讲解；第二项是，在考试的 4 个小时之内，在有关人员的监督下，当场撰写一篇有关于教育理论的文章；第三项是，对多项专业内容，包括主修专业、辅修专业以及政治法则等，接受考官的口头考试。

根据近年来的数据统治得知，在德国能够通过第二次国家教师资格考试的学生之后 80%，在该次考试成绩合格之后，师范生就可以正式进入到教师的行业，并享受国家正式公务员的待遇，其工资待遇的水平较高，是普通企业或公司雇员的两倍。这也是德国教育事业能够获得快速发展的一个重要原因。

第三阶段是在职培训阶段。教师教育改革实行在职培训的一个重要目的是，保持教师的专业性，始终能够适应时代的变化，为国家培养高素质的人才。从德国教育行业的现状来看，其实行继续教育的方式主要有两种。

第一，自主学习。教师应当对教育科学与专业科学的新发展有明确的把握，能够掌握最先进的教育成果；教育行业所涉及的范围较广，因此教师必须要对于教育行业相关的政治和社会等方面的知识有所了解；随着经济的不断发展，社会环境也在不断发生着变化，教师必须要在这种变化着的社会环境中，始终把握教师教育的重点内容，能够承担起教育的重任。

第二，派出培训。教师在向学校提交申请，并获得允许之后，教师就是到相应的师资培训机构接受学习和培训，从而获得更高级的教师资格。其主要指的是，教师在获得该资格之后，及可以担任另一学科的任教资格，或是在另外一种类型的学校任教的资格；获得实习教师研修班的任教资格或是获得校长、督学的人用资格等。教师所接收的职后培训，有利于实现教师自身任教专业水平的可持续发展，满足社会发展对教育发展不断提出的新需求，帮助其树立起终身学习的理念。[4]

2．重视教育科学研究

在德国，对教育学的研究由来已久。对教育学的研究，最早出现在 18 世纪。

---

[4]邱超．中国教师教育的过去、现在和未来—顾明远教授访谈[J]．教师教育研究，2014(03) ：101-102．

当时，康德是最早对教育学引起重视的人。在康德大学毕业之后，曾在家庭教师的职位任职了 8 年，后来则一直在大学中任职。在大学任职期间，教育学课程占据可四个课时，其对教学进行了深入的研究，并提出了很多新的见解，并在后期由其学生将其整理，编写成了《论教育》一书。

《普通教育学》是德国著名教育家赫尔巴特的著作，其提出了科学教育学的基本学说。在该书中，赫尔巴特对教育理论进行了系统的阐述。在德国，有一名被称为幼儿教育之父的教育专家，他就是福禄贝尔，其专注于研究幼儿教育，并未幼儿教育的发展做出了重要贡献。《人的教育》是在赫尔巴特在 1826 年发表的，在其去世之后，他的好友将他生前参与的教育活动编写了《幼儿园教育学》一书，是专门针对幼儿教育的科学著作。

德国的第斯多惠被称为是德国师范的教育之父，顾名思义，其在德国的师范教育方面做出了很大的贡献。《德国教师培养指南》是其在 1835 年发表的，并在 1827 年和 1851 年，又针对德国教育发表了《莱茵教育》和《教育年鉴》，两本教育相关著作。德国在教师教育方面所取得的巨大成就，与德国本身对教育的重视，众多的教育学家对教育科学的重视是分不开的。

3．制定严格的教师选拔制度与评价制度

在德国，对教师的选拔首先体现在师范院校的招生方面。对于师范院校来说，其主要任务就是为未来社会教育的发展输送更多的优秀师资人才，因此，优秀青年学生想要进入教师行业，首先要做的就是要接受师范院校的教育，在接受严格的教师选拔制度之后，才能具备优秀教师所具备的基本素质，才能够在众多的社会青年中脱颖而出，成为一名新的教师。在德国，想要进入师范学院接受教育的学生也必须要具备一定的资格，即必须是从完全中学毕业的学生。想要获得这一资格也需要经过严格的选拔。首先，学生需要先在德国接受思念的基础学校教育，在经过选拔之后才能够进入到实习学校进行学期，为期两年。在这一期间，如果学生表现良好，获得优异的成绩，没有被淘汰，那么在两年之后就可以正式成为一名完全中学的学生。在这一期间，还需要接受七年的完

全中学教育，在考试合格，并获得毕业证书之后即可以获得大学的入学资格，这个资格也就是所谓的能够接受高等师范教育的资格。[5]从上述中我们就可以看出，德国对于想要接受高等师范教育的学生，选拔过程是极为严格的，这就为德国培养优秀的教师资源奠定的基础。从学生的学习年限上来看，想要进入大学，学生必须要经过13年的学习，保证未来的教师能够具备较高的专业素质。需要注意的是，学生在通过两次国家考试之后，才能真正成为一名教师。其中，第一次国家考试主要是笔试和口试，是对学生的专业理论知识进行考察。笔试指的是论文，口试则指的是学生的试讲能力，即教师在实际课堂中对知识的讲授能力。例如，灵活使用可课堂教授能力、传授专业知识的能力以及组织课堂的能力等。德国是一个联邦制国家，分为多个不同的州，每一个州的教师选拔制度都有一定的区别。在有的州中，即使是已经通过两次国家考试的学生也不一定能成为正式教师，只有在教师职位出现空缺之后，这些通过考试的人才能以候补的形式进入到教师行列。

为提高教师教育水平，德国的文化教育部组建了一个教师教育委员会，其主要是由教育行政专员和学科专家组成的，他们全面分析了当时德国教师的教育评价。在当时，对德国教师的教育评价主要是由两方面组成的。一部分是职前评价，另一部分是在职评价，无论是哪种评价，都必须要通过考试的才能完成。

其中的第一次开始主要指的是大学教育阶段的考试，主要是学生所掌握的教师教育的专业理论知识进行考试，该次考试是由考试委员会进行负责。学生通过此次考试的比例为90%。其中，学生的见习学校负责对学生见习阶段的考试进行考核，审核学生是否已经掌握了教师教育教学的能力，该考试的通过率为80%。对在职教师的评价是每四年进行一次。学校校长是学生在全面中学阶段的主要考察者，针对每个教师的实际教授能力，每四年进行一次综合的考察，在出具考察报告，并由相应教师签字确认之后，存入到州教育部门进行保存。

---

[5]弗•鲍尔生．德国教育史[M]．滕大春，译．北京：人民教育出版社，1986：65-66．

在德国，督学是对中小学教师的评价的主要内容，需要校长的积极配合。所谓的督学，实际上就是考察员进入到课堂，听取教师讲课，然后针对教师上课的实际能力考为教师制定一份“教师工作报告表”。该报告主要由两部分构成，一部分是教师对于课堂教学的教学效果，以及教师的工作态度；另一部分是教师所负责教授的班级，以及班级内学生的情况，以及教师自身所承担的工作量等内容。德国对教师的评定主要分为 7 个登记，其中，1 级是最好的，但是可以被评定上的缺失最少的，因为该等级对教师的要求最高，不论是在教学效果还是在科研成果方面，都必须要有很好的成绩。一般的老师都会评定为 4～5 级。通过这种教师等级评价制度，在很大程度上提高了德国教师的教育水平质量。

4. 提高教师的地位和待遇

德国教育水平能够晋身发达国家行列的一个重要原因是，德国给予了教师较高的社会地位和丰厚的工资待遇，从这里就可以看出，在德国的社会中，对于教师的职业是极为尊重的，这对提高教师的工作积极性具有重要的作用。此外，提高教师的地位和待遇，还可以吸引更多的优秀青年投身到教师行业，为德国教育事业的发展做出更大的贡献。

德国对教师地位和待遇的看重，有史以来就是这样。在 18 世纪之前，当时的政府就已经极为看重教育事业的发展，制定了一系列的优惠措施，期望吸引更多的优秀人才投入到教师的行业。例如，对教师的土地租税予以免除，本村缝制衣服的特权也被乡村教师所包揽。在德国，教师的地位和待遇并不是全部都是平等的，这主要是由于国内所实行的双轨教育制度所造成的。处于德国不同的等级学校，教师的地位和待遇最低的是国民学校，尤其是那些农村的国民学校就更低了。针对这种不公平的情况，德国专门制定了家还是工资法，期望通过法律的形式来保障教师在地位和工资上所应享有的权利，这对提高国民教师的地位和工资起到了很大的积极作用。德国在经历了第二次世界大战之后，在国内所处的地位和待遇有了进一步的提高，通常会根据教师的学历、工龄和职位三个方面的要素来确定教师的工资水平。德国教师的待遇优厚并不仅仅表现在工资方面，还有很多其他的福利，包括婚姻补贴、子女补贴、地区补贴、职务补贴等。教师享有多种权利，包括学术自由、教会自由和集会自由等方面，这都充分说明教师在德国享有较高的社会地位。为了提高国内的教育水平，德国对教师教育模式又进行了一系列的改革，在该次改革之后，德国教师的地位和待遇又有了新的提高，从这里就可以看出，教师的职业已经获得了整个社会的认同，并且人们支持教育行业的发展。这些东西都是值得我国所借鉴的地方。因为，在我国，虽然教师的地位和待遇都有了较大的改善，但是其地位和待遇却与公务员之间还存在着一定的差距。

5．制定严格的教师资格证书制度

为了加强教师的专业化发展，因此德国推行了教师资格证制度，这是组成教师教育体系的重要一项。在德国教育历史的不断发展中，教师资格证制度也形成了自己独有的特点。只有在接受两次国家考试，并且考试成绩合格之后，才能获得教师资格证，成为一名教师，进入课堂讲课。1763 年，德国颁布了《通则》，规定必须在接受考试之后，青年教师才能进入到教师岗位，到学校任教。到了 19 实际，国家颁布法规明确规定，必须在经过正规的师范学校的教育之后，才能获得教师资格证。学生需要在正规的大学接受正规的学校教育，在完成年限学习之后，参加考试，考试成绩合格之后才能活的教师资格证。到了 20 世纪，政府进一步提高了教师的任职标准，教师要在大学接受教育，获得高等教育的学历和学位。《报告和建议》是在 1974 年提出来的，其对教师的培养规则又进一步进行了规定。

（二）德国教师教育的教训

1．面临教师缺乏和教师过剩的双重困扰

到了 20 世纪 60 年代，德国的教育行业受到了一定的冲击，出现了师资匮乏的情况。其主要原因是，很多教师参加了纳粹活动，进而教师资格被免除。然而到了 70 年代，教育行业又出现了师资过剩的情况。据统计，在 1977 年，德国的失业教师为 6 422 名，这些教师主要来源于三种不同类型的学校，主要是国民学校、实验中学和完全中学，这三个类型的学校的失业教师分别为 1 949 名，1 952 名和 1 428 名。此外，根据当时的统计数据得知，在当时的环境中，约有 20 000 名教师被迫从事到其他的职业，有 5.8%的德国教师呈现出失业或半失业状态。

德国教师供大于求的状况，在 20 世纪 80 年代再一次加剧。到了 80 年代中期，可以到学校担任教师职位的人仅达到了 10%，有 22 981 名教师被登记为失业状态。此后，这种教师过剩的情况开始有所缓解。到了 1990 年，被登记的教师失业人数为 16 008 名，1994 年这一数据又有所下降，达到了 13 997 名。这种教师过剩情况的出现，是由多方面的原因造成的。

其一，当时德国的人口出生率较低，学生所占人口的比较较小，没有多余的教师岗位提供给教师；

其二，教师在全社会所处的地位较高，并且能获得丰厚的待遇，教师行业得到了社会的普遍认同，因此就吸引了众多的青年进入到师范学院进行学习，因此就出现了师资力量供大于求的情况；

其三，在当时的情况下，原有学校的教师的年龄都处于中青年状态，退休的教师较少，没有对应的岗位空闲出来，这也是导致教师过剩的一个重要原因。

教师供大于求，进而就导致了失业的情况，这对维护社会的稳定是极为不利的。政府站在全局的角度，为了缓解这一问题，出台了一系列的政策。

第一，鼓励教师向多学科化方向发展，帮助教师对其他学科的知识和教学能力进行拓展，促进教师向其他职业转化，为教师就业开创新的渠道，缓解教师就业的问题。

第二，鼓励教师接受继续教育，参加多种培训班，为教师提供掌握其他技能的机会，在获得其他的资格证书之后就可以进入新的职业。

第三，对教师进行转业培训，即有政府或是企业作为主导，开设多种培训班，让那些已经失业的人参与进来，为其提供掌握其他职业能力的机会，帮助其拓展就业领域。

第四，降低教师的退休年龄，让教师提前退休，为其他的教师提供就业岗位，这就缓解方式教师过剩的情况也起到了重要作用。

在通过实行上述政策之后，国内师资过程的情况得到了一定的缓解，失业的教师人数开始逐渐减少。甚至在21世纪，又出现了教师资源过剩的情况。这种情况出现的原因，与原来为缓解教师资源过剩情况所实施的一系列措施之间有着密切的关系。教师职业过剩之后，很多师范毕业生找不到工作的情况给了社会青年警示，很多青年都不再包括师范学院，这是导致教师人数下降的一个重要原因。其次，在该时期，德国社会老龄化加剧，很多教师到了退休的年龄，使得教师职位的空缺增多，却没有合适的青年教师血液补充进来，因此就导致了教师短缺情况的出现。

2．双轨制教师培养制度不利于教师教育的一体化和民主化

德国在教育行业所实行的双轨制度，加剧了教师地位和待遇的不平等性，这也对教师培养途径的不同起到了决定性的作用。师范学院所培养出来的教师主要从事于国民学校，而由高等教育或是大学培养出来的教师则主要就职于中学教师的职位。这种教师培养的不同途径，就使得国民学校教师的地位要低于中学教师的地位。

此外，双轨制度的实行也造成了教师在工资待遇方面出现了不公平性。在不同种类的学校任职的教师，工资待遇最低的教师是国民学校的教师。据研究统计，到了20世纪初，与其他中学教师的工资待遇相比较，国民教师的工资待遇要少于两倍。这种教师之间的待遇的差距持续的很长一段时间，直到在欧共体建立之后，随着教育一体化的实行，这种差距才逐渐减小。欧洲教育一体化的实行，实际上是与德国的双轨制度是相悖的，但是在保证教师享有与其他职业同等待遇的方面，却做出了很大的贡献。

3．军国主义对教师教育的渗透

德国对尚武精神和军国主义精神，历来就极为崇拜，并且这种精神还逐渐渗透到教师教育之中，并对德国教师教育的发展产生了较大的影响。在普鲁士崛起的时期，在普鲁士内就形成了尚武精神、军国主义精神，也就是所谓的“普鲁士精神”，这是德国历史中被明确记载下来的。[6]在第一次世界大战爆发期间，军国主义的思想一直在影响着德国的教师教育行业。在纳粹统治时期，军国主义精神更是贯穿了德国教师教育的整个过程，甚至很多接受过高等教育的教师，在受到先进思想的影响之后，仍然参与了纳粹活动，可见军国主义思想影响的范围是如此广泛和深入。在这一情况在第二次世界大战之后开始有所缓解。在战争之后，其他国家占领了德国，开始对德国盛行的纳粹思想予以清除，想要在德国彻底清楚纳粹思想，还需要很长的时间。为了解决这一问题，德国的教育家和进步人士都开始呼吁政府重视这一情况，希望政府采取措施对青年学生进行教育，让其明白纳粹思想对国家历史发展所造成的破坏，要用历史的观点来警示现代学生不要被纳粹思想所侵蚀，这一任务势必需要学校的教师来进行承担。

二、德国教师教育对我国的启示

（一）制定严格的教师资格证书制度

中国教师资格制度正式进入实施阶段，是以 2000 年《教师资格条例实施办法》的颁布为标志的。德国的教师事业如此发展的原因，与其所制定的完善的教师资格证书制度是分不开的，其对教师的培养过程都进行了严格的规定，包括教师的考核、聘任和评价等。在德国，想要成为一名教师，首先要在师范学院对理论知识进行系统的学习，然后通过考试的形式来对学生掌握知识的程度进行考察，只有在考试成绩合格之后才能进入下一阶段的学习。教师培养的第二个阶段是要让学生进行学习实践经验，在实习期结束之后就可以参加第二次国家考试，在评定学生的考试成绩通过之后就可以被授予教师资格证，进而就可以进入学校开始教

[6]克里斯托弗•福尔．1945 年以来的德国教育概览与问题[M]．肖辉英，陈德兴，戴继强，译．北京：北京人民教育出版社，2002．

师的职业生涯。德国教师的该种培养制度，在很多方面都值得我国借鉴。例如，教师必须持证上岗。这就要求国家必须要对获得教师资格证的程序进行严格的认定，必须要对那些没有教师资格证的教师进行严格的培训，在其通过考核获得教师资格证之后，才被允许进入到教师行业，以此来全面提高我国教育行业教师的专业素养。

针对教师在见习时期的学习，德国是极为重视的。要求想要进入教师行业的师范生，都必须要接受实践学习，为期两年。而我国则不同，其对师范实习期的要求较为宽松，并且学生实习的时间也较短。德国对于师范生见习的要求也是值得我国所学习的。实践证明，只有指定严格的极爱是资格证制度，才能培养出更为专业的教师团队，才能培养我国优秀的教师力量，为祖国的发展培养更为优秀的人才。

（二）提高教师的地位和待遇

当前，我国各地区经济发展不平衡，这就导致不同地区的工资待遇也存在较大的差别，尤其是对于那些偏远地区的山村教师来说，就更是如此，他们的地位和待遇与其他地方的教师相比，都处于较低的水平。不可避免的，教师所处的地位和工资水平会对教师的工作积极性产生较大的影响，进而会影响到当地的教育质量。我国一些偏远地区，由于经济发展落后，导致教师的工资水平不高，没有对优秀教师产生吸引力，导致当地教师资源缺乏，本地的教育水平不能提高。面对这种情况，国家和政府应该采取有效的手段来进行缓解，甚至可以通过制定法律的形式来对偏远地区的教师的地位和待遇给予保障，以此吸引更多的教师参与到支教的行列。当前我国大学生就业出现的一个普遍问题是，大学生承担着较大的就业压力，甚至很多学生面临着毕业即失业的情况。由于偏远地区生活困难，即使明知那里师资短缺的情况下，也不愿意去那里从事教师职位。生活困难、地区偏远是造成这种情况的其中一部分原因，但更重要的原因是，这些地方的教师无论是所处的社会地位还是工资待遇，都处于较低的水平。一些地区尽管教师的工资水平较高，但是却不能享受公务员的待遇，因此能够吸引的师资也有限。德国则完全不是这种情况，在国内教师会享受到较高的待遇，并且教师职业受到社会的尊崇，因此教师职业博得人们的众多喜爱。德国的教师属于公务员，一些教师的工资水平甚至会超过公务员。教师可以终身享受公务员的待遇，在不犯法的情况下。并且教师的职业受法律保护，政府能够为其提供相应的保证，因此不用担心失业的问题。这些都是中国在对教师教育模式进行改革的过程中，可以拿来借鉴和使用的。

（三）注重教师理论知识与实践能力的培养

在我国，对教师的培养过程通常会忽视对教师实践授课能力的培养，只是将相关的专业理论知识作为教师培养的重点。我国师范学院在对学生进行授课的过程中，通常都会设置大量的专业理论知识教授课程。学生在师范学院期间，主要就是对这些理论知识进行学习，然后在期末接受考试，通常会在期中和期末分别举行两次考试。学校举行考试的主要目的是，对学生对理论知识的掌握程度进行考察，如果学生的考试成绩合格，那么就可以获得相应的学分，在学生毕业并修满学分之后，就可以获得毕业证书。师范类的学生还可以获得一个教师资格证书。在这一过程中，师范学院没有给予学生足够实习的时间和机会，甚至是对师范生的实习时间也要求较短。德国则不同，他们在对教师进行培养的过程中，不仅注重对学生相关专业理论知识的培养，更重要的是培养学生的实践授课能力。在德国大学中，学生的第一阶段学习就会被安排接受学校实习，并且规定在学生毕业之后，还应当继续接受两年的见习实践。通过这种模式培养出来的师范生，不仅具备扎实的专业知识功底，并且还具备很强的实践授课能力，因此在实际进入工作岗位之后，能很快适应教学工作，进而为国家的教育事业做出应有的贡献。这也是我国在对教师教育的改革中应当借鉴和学习的地方。

（四）加强师范生教师教育课程学习

当前，我国师范学院培育教师存在的一个弊端还表现在，所社会在的专业课程比重较低，与发达国家相比，仅达到了他们的四分之一。并且，所设置的科目也较为单一，仅有三门，即心理学、教育学、教材教法。在对专业课的推行上，对理论课程给予了较高的重视，但是却忽视了培养学生的实践能力。理论学院为学生讲授的教学方法也较为单一，主要就是通过教师讲课，学生听课的方式来实现；或是通过教师演示，学生观看的方式。这种教课方式，枯燥单一，不能有效带动起学生的学习兴趣，导致课堂沉闷，教学效率不高。我国对示范生所要求的实习时间较短，通常为6～8周。学生在学校实习的期间，通常是还没有完全进入到授课的状态中，实习时间就已经接受了，这就导致学生的实际授课能力不佳，不能有效将科学理论与实践相结合。学生在进入到教师的工作岗位之后，需要通过较长的时间真正进入到教师的职责，这是因为，新的教师还有很多的实践知识需要学习，包括教学技能和教学经验等。

德国教师教育课程的特点朱涛表现在三方面。

第一，专业课程教授具有很大的灵活性和系统性。在对学生进行教师培训的过程中，专业课程所占的比重较大，并且设置了较多的学时，课程内容所设计的内容也极为广泛，具有很强的系统性，这就对于师范生把握教育的本质和规律具有很大的优势。例如在对师范生的课程设置上，既开设课教育基础理论课程，同时又通过实行的方式，让学生掌握教育方法，制定专业的技能课程等，德国学生开展专业课的形式较为灵活，除了日常的课堂讲授之外，还会通过开设讲座，专题讨论或是探究式的教学方式，来提高学生对理论知识的把握，

第二，师范学院所开设的通识教育课程，具有很强的宽泛性。德国所开设的通识课程，涵盖了多种学科专业知识，对每一学科都通过丰富的资源来进行教授，包括社会、人文、文化艺术、自然科学等。在对学生进行培养的过程中，在对其进行通识教育的通识，还注重学生的个性发展，培养学生成为具有综合素质的人

才。德国对教师教育的培养很多都是通过综合大学的教育来实现的。因此，师范生可以接触到更多综合性的学科资源，学生可以根据自己的兴趣来对想要选修的课程进行选择，不用受到院系或是学科的限制。

第三，教育的实习期较长。德国的教育事业能够如此发达的一个重要原因就是，在对师范生的培养上，要求其必须要经历一个较长的实习期，这对提高学生的实践授课能力是极为重要的。为了提高学生的实践能力，德国政府及学校等各方面，为学生提供了多种不同形式的实践授课方式，并要求学生要经过较长的实习期间。例如，在对师范生的培养上，德国要求学生在大学阶段，就需要接受实践教学，在学生大学毕业之后，还必须要经历。两年的见习时间，在最后的成绩审核通过之后，才会为学生颁发教师资格证明，至此师范生才能真正进入到教师的工作岗位，成为教师群体中的一员。德国在师范生实践方面所获得的成功经验，也是值得我们所学习的。

第四节　本章小结

一、美国教师教育发展的总结

美国教师教育的发展，具有很强的现实意义，但是在我国这个发展过程是漫长的，需要很长的一段探索时间。只有这样才能找到符合我国实际国情的教师教育。

（一）义务教育阶段教师的作用

当今世界的竞争，说到底就是人才的竞争，想要在未来获得强大的综合国力，就必须要注重本国人才的培养，将教育事业作为国家发展的重点。想要培养出优秀的人才，高素质的教师是重点，他们掌握着时代发展的脉搏。当前，我国已经进入知识经济时代，社会对教育的呼唤已经达到了最高峰。这就使得以往单一的教学模式已经不能再满足时代的需求，为满足教学任务而设置的课堂教学模式存在很多的弊端。我国在社会主义建设的过程中，需要众多人才的支撑，这就需要学校更大化的发挥自身的教育功能，以此满足社会发展对人才的需求。

学校想要培养出高质量的人才，拥有优秀的教师资源是关键。新时代的教师要勇于打破以往枯燥、乏味、拘谨的教学模式，开创新的课堂教学模式，竭力打造具有创造性、实践性和反思性的课堂教学。现代社会的教师承担着更重要的职业和任务，他们不仅仅只是将知识传授给学生，更重要的是要对教育事业的改革做出应有的贡献，推动国家的教育发展更进一步。在时代变革的背景下，对教师又提出了新的要求，即教师要朝向更为专业化的方向发展。是要对自身的教育目标有明确的把握，具备更为丰富的、多学科的理论知识，提高教师自身的综合素质，通过不断的探索和研究，把握更为灵活多样的教学方式，针对不同的学生制定不同的教学方法，因材施教，提高教学的有效性，帮助学生成才。

（二）我国教师专业化发展道路上需要面对一定的坎坷

所谓的教师专业化的发展，指的是实现对教师培养的一体化、系统化和综合化，不仅要重视对教师的职前教育，同时还要加强对教师的职后培养。总当前我国教育事业的发展现状来看，想要实现对教师教育的这项改革，还有很长的路要走。这是因为，对教师的专业化培养，不仅要改变以往的教育理念，同时还是对传统师范教育的彻底改革，因此在改革的道路上必定会遇到诸多的困难。为了尽可能减少教师教育改革所需要的阻力，就必须要重视加强对师范生的实践能力，确保其所掌握的理论知识能够与教学实践顺利结合，师范生在毕业之后能够很快融入到教师的行业，切实履行自身所承担的职责。对于学校来说，还必须要为教师提供职后受教育的机会，不断提高教师的专业能力，满足时代对教师的新的需求，以此为社会培养出更多的优秀人才。此外，还要加强学校与大学之间的合作，实现平等的交流和资源互换，为学校的发展培养出优秀的教师资源，改变学校与大学之间原有的关系模式。

正是因为时代的发展给教师提出了更高的要求，进而使得教师专业发展学校逐渐兴起。霍姆斯协会是最早提出专业发展学校的组织，在该理论提出来之后，就迅速受到了社会各个方面的支持，包括教育学者、组织以及各个学校和大学等。在美国政府的支持下，各个州都先后建立起了教师专业发展学校，这为未来教师专业化运动的开展起到了重要的推动作用。[7]

二、英国教师教育发展的总结

（一）英国高校教师发展问题

1．英国高校教师培训网络的建立

我国的教育研究者对在英国的教师教育培训工作进行全面的研究和分析后发现，英国已经建立了完善的高校教师培训网络，无论是在全国范围内还是在地方，甚至是在高校内部都建立了“教师培训委员会”，遍布英国的各个地方，这就为全面提高教师教育质量提供了强大的保障。这些联合会的设立，主要承担着两方面的任务，其一是要确保高校教师的专业发展，其二是要保证教师个人发展的实现。高校内所设立的培训委员会所承担的任务是，把握教师教育的发展方向、编制出版物、制定和发布教师培训计划、制定培训经费的划拨等问题。我国的一些教育

[7]冯茁，曲铁华．从 PCK 到 PCKg：教师专业发展的新转向[J]．外国教育研究，2006(12)：88．

研究专家对上述中英国所建立的教师培训网络进一步进行了论述，认为英国在全国范围内建立“教师培训委员会”的目的是，建议所有的大学都对提高教师教育质量制定详细的培训计划，以此全面提高英国教师的质量；制定有效的措施，提高教师培训的有效性，全面挖掘教师内部所存在的潜力；对以往高校内部和外部的教育发展环境进行改善。英国范围内的大学，几乎都在内部设立了专门对教师培训提供服务的人力资源部门，组建由专门的员工培训团队，为大学内的教师提供专业的培训课程。例如，在英国的利兹大学内部，就建立了教师发展中心，专门为利兹大学内的教师提供专项的教育培训课程。

2. 英国高校教师发展的实施内容

在英国高校教师发展相关内容的建设方面，我国学进行过深入的分析与研究，我国学者孟中媛认为:“英国高校教师发展专门培训机构的培训内容包含形成教学素养、提高学科专业水平及教师个体发展。张连红对此也有比较一致的意见。”而谢安邦认为:“英国大学教师的培训内容应该包含现代信息技术应用、学生指导、外语能力、科研能力、科研项目申报等方面的内容。具体到高校教师教学策略的发展方面，实施内容包含：善于运用多样化的教学形式、善于创设教学情境、了解学生发展水平与可能达到的预期、了解学生的学习需求、善于整合各类教学资源、能评价和判断所用方法的有效性。”

（二）英国高校教师发展的实施形式

针对英国高校教师教育的实施方式，我国教育学家在对其进行研究后发现，英国所实施的远距离在职培训方式，有利于降低教师培训的成本，为教师教育活动的开展提供更多的保证资金，同时还有利于在全国范围内建立教师培训计划，让所有的教师都能够享受平等的教师培训课程。郭剑霞在研究后发现，英国针对高校教师培训所采用的方式更加灵活多样，不仅在教育行业内部开设相应的教学活动，并且还与其他的相关机构展开合作，实现资源在整个社会范围内的共享，促进教师的全面发展。熊健民认为，英国在为教师提供培训机会的同时，还为提高教师的学术水平和教学能力也实施了一系列的措施，保证教师离职或是享有休假的权利，并且为新进入教师行业的教师专门开设培训班，帮助新教师尽快适应学校的教学环境，旅行自身的职责。还有一些学生指出，英国在促进高校教师教育发展的过程中国，还会通过设置教师发展基金、奖学金，或是通过开展课程培训、证书培训、学位培训、学术研讨等方式来进行。英国对师范生的职前培训有较为严格的规定，并且还通过制定政策、法规的形式来确保这些规定的实现。所谓的导师培训模式指的是，新教师在入职之后，学校会制定那些教学经验丰富的老教师来对新教师的教学和科研等当面的工作进行有针对性的指导，帮助新教师尽快使用学校的环境和教师的角色。

三、德国教师教育发展的总结

德国作为世界上教育体系最为发达的国家之一对其教育体系进行充分的研究，有利于我国从中吸取经验，优化我国的教育改革工作。

（一）为我国教师教育发展提供借鉴

随着社会的发展与进步，世界各国对教育与知识的重视程度不断上升，教育推动的科技进步成为国家与社会发展的主要推动力量。人作为社会关系的基本构成元素，在社会的发展中起着决定性的作用，而教育作为提升人的知识水平与综合素质主要手段，必然成为推动社会进步的主要力量。通过对德国教育体系的研究，我们可以从中找出进步的地方，为我国的教育发展与教师素质的提高提供有益的经验。

（二）有助于我国中小学教师队伍建设

通过对德国中小学教师教育发展的分析与研究，我们可以充分了解德国教育体系在不同时期的教育内容设计，教学特点，通过对这些内容进行梳理与总结，我们可以发现其中存在的问题，为我国教育系统吸收有益的经验奠定良好的基础。在教育发展的过程当中，德国政府及时发现青少年教育体系存在的问题，通过政策的引导与经济帮助，改善了青少年教育，提升了德国教育的总体质量。这对我们是一个有益的启示，在我国义务教育体系质量的提升过程当中，我们可以充分利用政策对教育发展的引导作用，并通过经济帮助改善我国中小学义务教育的物质条件，为素质教育的全面展开奠定基础。

（三）有助于我国教师教育的发展和完善

通过对德国教师教育历史的梳理与研究我们可以对其发展进行阶段划分，第一个阶段是教师教育的前制度化阶段，第二个阶段是制度化阶段，第三个阶段是发展阶段以及完善阶段。笔者从德国青少年教育发展的历史出发，分析总结了德国青少年教育的发展历程，从中我们可以发现很多可供借鉴的地方，这是我们进行历史分析与梳理的主要目的。

（四）德国教师教育发展历程

本书对德国教的教育的发展历程进行回顾与总结，对不同时期德国教师教育与培训的特点进行了总结与梳理，脉络清晰的对德国教育进行了全面的分析，从历史的角度对德国教师教育的发展进行了深入的分析与理解。

第五章　义务教育阶段教师队伍机制建设的完善

第一节　教师职业精神的培养

一、提高教师的思想品德

思想品德包括一个人的政治意识、个人观念、人生理想、道德情操等方面。作为教师要想提高个人的思想品德，就应该从这几个方面着手，通过提高自身的认识与在社会实践中，不断培养自己良好的思想品德意识。

教师的思想道德素质是其根本的、最重要的素质，它可以通过后天的学习和培养进而得到提高。教师作为高校的思想品质教育的核心之一，他们的思想道德素质直接影响着大学生的思想品德素质的高低，因此，必须把提高教师的思想道德素质作为提高大学生思想品德教育的首要任务来抓。提高教师的思想品德教育主要从提高其政治素质、思想素质和道德素质几个方面来进行。

（一）政治素养的提高

高校的教师承担着培养和提高大学生的思想政治认识的重要责任。他们在思想政治教育工作中的地位和义务是不能忽视的。作为大学生的思想政治教育的教师，他们的政治素养和政治观点的准确与否，直接关系着他们培养的大学生的政治素养和政治观点的正确与否。思想决定着一个人的行为，文化程度越高的人，他们对社会的影响力就越大。面对着如今社会政治、经济、文化、科技高速发展，教师一定要认清自己的方向，站稳立场，树立正确的社会主义政治信念，只有这样，他们才能在正确政治意识的支配下，培养具有明确政治认识和政治素养的大学生。

作为高校的教师应该深入的理解和学习正确的思想和观点，坚持用正确的理论和思想作为自己行为的指导，在具体的教育教学活动中，教师应该认真学习和领会我国的基本国情，总结我国社会发展中的经验和教训，用科学创新的思维方法来完善自己的思维意识，分析中国和西方国家之间的差距与当代中国热点问题，为高校学生解疑释惑。

在政治方向和政治立场上面，教师应该加以明确，并通过自身正确的认识和理解来教育大学生。从目前的形势来看，外国的敌对势力一直没有停下来对我国的政治主张的歧视和反对。作为高校的教师应该把大学生对政治方向的正确认识作为思想政治教育的重点来做，那么，作为教师就必须先接受党的方针和政策的教育，坚持中国特色社会主义方向，培养正确的立场意识，在思想上和行为上面始终保持与国家的一致性。教师在教育大学生之前，应该树立正确的立场，自觉抵制不良思想的影响，坚决维护党和人民的利益，运用符合逻辑的观点与方法来培养学生。

（二）思想素质的提高

教师的思想素质涉及教师的三观和对教师职业的思想觉悟的等问题。教师的正确三观包括正确的世界砚、人生观、价值观。思想觉悟涉及的是教师对教育事业献身的精神。教师的思想素质是教师对大学生进行具体的生活和学习管理的内在动力，它直接影响着教师内在的思想政治品质的高低。思想政治教育不是一件一蹴而就的工作，它是通过教师自身的言谈举止的潜移默化的传输来提高学生的思想境界与精神风貌的，它对大学生的影响是缓慢的，却持久的。

理想信念有高尚和低俗之分。高尚的理想信念是教师思想素质的核心，也是培养优秀的大学生的关键所在。理想信念是衡量一个人人格是否高尚和完善的重要因素，它是人特有的。一个人的三观正确与否都是通过理想和信念的正确与表现出来的。教师作为高校学生思想政治教育的核心教育者应该对国家和党的方针政策有一个清楚的认识，并保持对政策和方针的认同感，对我国改革开放与社会主义现代化建设的足够信心，拥护党的领导。高尚的理想是教师思想素质教育的重点，这就要求教师在工作和学习中不断地加强先进理论和思想的学习，认认真真地完成自己的教育的工作，把满腔的激情毫不保留地投入到培养大学生思想政治教育的工作中去。

大学是大学生人生转折的重要时期，也是他们个人思想和行为形成的重要时期，在这个时期，优秀思想的形成对他们的一生发展起着重要的引导作用。现阶段的大学生普遍的具有高尚的道德情操、希望获得社会认可、追求人生价值等积极向上的一面，但是由于社会经济的影响，也有很多学生没有明确的个人目标、没有正确的价值观、没有责任心与社会责任感。这个时候，作为大学生的思想政治教育的管理者和服务者，应该积极的履行教育的职责，积极引导学生树立争取的政治意识和政治责任感，帮助他们解决面对现实中的一些思想矛盾问题，使他们能从错误的思想与行为中走出来。作为个性比较强的大学生，他们有时候可能会表现出比较独立性与自主性，不服从教师的安排，但是教师应该有耐心、有毅力，相信学生，相信自己，通过一切的方法帮助大学生树立正确的理想和社会主义信念，形成正确的人生观、价值观、世界观。

（三）道德意识的提高

一个人道德的好坏，直接关系着一个人的行为的好坏。道德是一个人处世做人的标准，是调整人们之间的关系的准则和规范。教师的道德观念和行为规范是教师道德素质的具体表现。教师在具体的教学教育过程中都需要道德素质的引导，这里包括教师与老师、家庭、学生、领导的具体的活动关系。作为教师，只有加强自己的为人师表的道德意识、保证自己作为一名教师基本的行为符合道德标准，使自身的行为符合社会和学校的要求，为学生所接纳，才能在社会关系中胜任自己的道德角色。

二、以社会意识为引导培养教师职业精神

（一）教师应该具有大爱之心

一个对教育具有大爱之心的人，才能做好教育。作为大学生的思想政治教育的教师来说，更应该具有大爱之心。爱心是做好工作的根本，它是责任感和诚信意识的源泉。教师的工作内容和职业特性决定了他们的工作是一份需要无私奉献、需要拿出真心和爱的职业。纵观教师的工作，不管是从对学生的思想政治教育的管理上来说，还是从学生日常的生活的管理上来说，无论是教育管理上来说，还是从对大学生的服务上来说，教师都应该有一颗大爱之心。

在具体的工作中，教师应该坚持一视同仁的教学态度，不分高低贵贱的平等的对待和爱护学生，不管是少数民族的，还是贫苦地区的，作为教师都应该根据具体问题具体分析的原则，真诚地关心和帮助大学生，关心他们生活和学习。教师在实际的管理和教育中，应该全面地、深入地了解大学生的实际情况，尊重其人格，赢得大学生的信任。教师还必须以身作则，以自己爱人、爱校、爱国的行为习惯来影响大学生，使他们正确认识并处理好爱国、爱校、爱人、爱己的关系。教师可以通过开展爱心捐助活动、扶危济贫的活动，培养大学生的大爱意识，让大学生明确到爱心对人、对社会的重要性。在爱国主义的教育中，教师应该根据不同年级、不同专业的特点，因地制宜地开展教育，提高大学生的思想境界，培养和锻炼大学生爱人的能力，激励大学生努力学习、努力成才，学成报效祖国的行动中。

（二）教师应该具有责任心

除了大爱之心以外，教师还应该具有责任心，时刻牢记自己的责任和义务。作为大学生思想政治教育的教师，一定不能只单纯地认为自己的工作就是简单的事务性管理，或者是常规的思想教育工作，而应该对教师的工作有一个更深层次的认识。教师的思想政治教育工作决定了大学生的思想水平的高低，大学生是未来祖国的建设者和接班人，他们寄托了党和国家的厚望，是祖国的未来和希望。所以说，教师要树立对学生负责的态度，做好教育和服务大学生的工作，做到不推卸责任，不随便应付，做到对大学生的细心和耐心，以实际的行动来感动学生，激发学生的责任心，克服自私懒惰的毛病，使学生树立不畏艰难、勇于承担责任的品质。

作为大学生的教师，一定认清当前中国的形势，明确我国的教育方针和政策，认清大学生在我国社会主义事业建设中的重要地位，坚持用高瞻远瞩的态度教育与培养大学生，把个人的价值实现与社会的价值紧密地结合在一起，认清教师的历史使命感和时代责任感，帮助和鼓励大学生努力学习，奋发向上。

（三）教师应该具有诚实守信的品质

教师在与学生的沟通与交流中应该坚持诚实守信的为人处世原则，真诚地与学生沟通，不摆架子，不说空话，真诚地为学生服务，用真心打动学生，获得学生的信任。同时，教师还可以在教育和管理中适时的进行诚信教育，举办诚信活动，或者是征文比赛，从行为和思想上面提高学生的诚信意识。

（四）教师应该具有和谐共存的意识

我国一直倡导构建和谐社会，这里和谐不仅包括国与国之间的和谐，不仅包括国家与人民的和谐，更重要的是人民内部的和谐。社会与人的进步都离不和谐共存的意识。

校园是一个小的社会，其中人与人的关系也呈现出一定的社会化特性。教师作为大学生中的教育的管理者和服务者，他们与学生和各个组织之间频繁的打交道，这个时候，由于学生的自我意识很强，再加上各种思潮激荡，教师就必须正确地处理好不同的关系，从而构建一个和谐的氛围和。教师自身首先应该形成和谐健康的心理素质、与他人和谐相处，才能帮助和疏导学生的心理问题，帮助大学生和谐发展。大学生的和谐发展，才能处理好人生的各种关系，才能全面成才。所以说，教师在具体的大学生的思想政治教育工作中，应该合理的处理好管理和服务等各种身份的转换问题，一定不要因为对个人身份问题的认识不清所引起的学生与老师，或者老师与老师之间的冲突。

作为高校的教师，他们很多的时候都是与青年学生在一起，青年学生正处于人生观、价值观、世界观形成的重要时期，他们对知识的渴求强烈，喜欢冒险、喜欢探索，渴望新鲜的事物。作为教师应该从提高自身的职业精神方面出发，提升自身的政治、业务、道德素质，从能力和精神层面做好教师的工作。同时，教师要不断地顺应时代的发展和变化，不断地更新思想和思路，不断学新技术，坚持理论与实践的相结合，优化工作思路和方法，为大学生的成长成才强化保障。

教师的岗位的复杂性决定了，教师本身是一个教育、培养、服务人的岗位，同时也是一个加强自我教育与自我完善的岗位。教师应该在一定的文化知识的基础上面，不断地进步和学习，以适应工作岗位的需求，同时教师岗位也应该有较高的政治觉悟和政治敏感度，坚定的政治立场。教师的工作是一份高尚的职业，它要求教师在具备基本的职业精神的基础上面，还应该积极学习新知识和新技术，及时地了解新政策，把握教师的权利、义务和职责，培养教师岗位所需的政治素质、业务素质和道德素质，切实地服务高校改革发展大局，切实地服务大学生成长成才。

第二节 学生工作、教学与科研的工作机制

教师作为大学生的思想政治教育的管理者和服务者，他的主要的工作内容和方向就是做好学生的辅导工作，这里包括学习管理、生活管理、教学管理、科研管理。

一、学生的日常工作

教师可以根据学生的自身特点，多组建丰富多彩的校园活动，这类的活动要针对大学生的整体进步和发展，涉及相关身心发展特点的内容，这样的活动能够激发学生对职业生涯相关问题的兴趣，并解决学生的一些共性问题。这里举出一些活动形式的实例作为参考。

（一）职业生涯的课程与讲座

作为学生的教师，教师对学生的教育不仅仅要涉及知识、技能的教育，同时，也应该时刻关注学生毕业后的去向问题，教师除了教授与职业相关的知识外，还可以定期的约请相关职业教育的老师，以开展讲座的形式来对学生进行培训，讲授职业相关的知识。同时，还可以约请社会上的知名企业的领导到校园内部讲授企业相关知识和招聘的知识，有针对性地补充学生的职业知识。

（二）社团活动

教师可以定期的让学生根据其自身的优势和兴趣特点，自觉地组织一些活动或者社团，鼓励学生参加社团中，在社团中学生能够发现自身的优势，并发展自

己的优势，比如职业发展协会、创业者协会、投资理财协会、计算机爱好者协会等。这些社团活动的开展，可以拓展学生的职业认知和生涯规划视野。

（三）学长经验分享

学长的经验对在校生有着很大的影响，他们的经历和体验使他们以前经过的大学生活，和现在的大学生接近更贴近，作为教师可以邀请不同年龄、不同专业、不同职业的学长或者学界给学生定期开展学习交流。

（四）实践性活动

作为教师，应该坚持教学与实践相结合的方式，教师可以设计一些现实性的职场场景，让学生在校园内接受面试的培训、职场面对问题的解决情况。

二、个别辅导

对于个别问题，要特别的对待。每个学生有时候可能遇到的问题是不一样的，职业生涯辅导的过程中，教师应该根据学生遇到的实际情况，具体问题具体分析。教师日常的生活中与学生经常的接触，由于年龄的相近，他们更容易获得学生的信任，因此，在学生遇到困难的时候，学生首先想到的是教师。因此，作为教师应该有随机应变的能力，同时也应该有耐心，随时接受学生的咨询。

（一）明确角色定位

辅导者在学生的工作中是起到引导、咨询中的作用的，他们的主要做是提供给学生各种各样的思考点、思考的角度、提供职场生存的方法和信息、缓解其情绪的作用。作为教师不能代替学生作决定，最终的决策一定要由学生自己做出。

（二）与学生做好沟通

大学的学生普遍的自尊心特别的强，他们很多时候遇到了问题也不愿意向老师说，所以，在这个时候，教师可以与学生建立一种亦师亦友的关系，放低自己的姿态，与学生真诚交流沟通，把他们在专业实习、创业实践、职场体验中的问题都问出来，然后对其个别辅导，深入进行。

（三）把学生放在中心

很多学生的自我意识比较强，这个时候，教师要在充分尊重和与学生沟通的过程中，考虑学生的感受，理解和鼓励学生的各种想法，即使想法不符合常理，不正确，也不应该否定他们，应该从侧面来引导他们，帮助他们找到正确的方法和思路，让他们在根本上面找到问题的思路，尊重其个人价值。

（四）咨询的深度性理解

对于与学生的沟通，这也是一门艺术性的问题，有效的咨询技术能够更好地建立信任感并推动咨询的深入，如倾听、理解等。同时，对于一些有心理问题的学生，教师应该时刻的注意，不能忽视，对于个别思想偏激的学生，教师应该及时的疏导，实在是做不好的，可以约请相关的专家进行解决。

三、团体辅导

团体辅导是相对于个体辅导而言的，它是以组织一定的学生量进行统一的培训和辅导的情况。团体辅导主要是通过情景式的教育方法，让学生都参与到情节中去，在情节中通过角色的扮演、随机应变的能力、思维的方法、语言的表达、经验分享、行为训练等方法来提高学生的综合素养。同时，良好的团体活动的氛围有助于使学生们开放并包的环境中形成自己正确的人身观、世界观、价值观，通过感受别人的体验，来从侧面来反省和认识自己、分析自己，这个过程不仅是一个充分认识自我的过程，同时也是与同学建立良好关系的时候。

团体性的辅导，不仅可以让学生在互动中掌握相关的职业知识，还可以在过程中培养个人的职业素养，同时锻炼自己的人际沟通能力、团队的协作能力，最重要是个人的表达能力。团体性的辅导可以让学生在其中获得积极体验、愉悦身心，但是在团体活动的过程中也应该注意到几点：

首先，团体辅导的人数上面，一定要有所控制，不宜人数过多，时间也不应该太长，人数过多，就会造成拥挤，不能全面的顾及学生的感受，达不到好的效果，时间过程，学生的耐心和积极性就会被消磨掉。其次，在空间选择方面，应该找舒适和宽敞的场地，提高学生活动的热情，好的环境会起到事半功倍的效果。还有就是关于教师自身的，教师作为学生学习的模范，首先必须自己的知识丰富、经验丰富、这样才能教学生，教师职业是近几年来才流行的，所以，有些教师还没有能够很好地掌握该领域专业知识和技巧，这就要求教师主动加强学习，掌握辅导的方法和技巧，为做好团队辅导的准备。最后，教师要充分发挥自己的主观能动性，整合校内校外的一切资源，加强沟通和联系，运用创新思维的方法，将各种活动和实践与学生的学习生活相联系，从而达到协助学生实现生涯探索的目标。

四、实践活动

实践活动主要是要求大学生对未来的职业有一个更加清楚和准确的认识。大学生进入职场之前，应该首先对职业、行业、公司都有一个全面的认识，这可以为其后面的有针对性的学习提供借鉴。兴趣是最好的老师，通过实践活动，学生可以找到自己感兴趣的职业，从而在这个行业发挥自己的聪明才干。参加职业实践也可以让学生积累一定的经验和技能，为未来的毕业能尽快地适应社会作铺垫。

大学有四年，时间充裕，作为大学教师应该通过各种形式来开展职业实践活动：

首先就是可以去各行各业进行参观，学生去企业参观，可以让学生与企业的工作人员和领导进行沟通和交流，从他们的身上学习与企业相关的知识和经验，这样也了解了企业，还有就是进行企业的实践，利用休息的实践，学生自觉的去企业中进行相关职位的实践，切身感受公司或者企业中的办公程序和环境，这些都是为了大学生毕业后能够更快适应工作的先前准备。但是，在这些学习和实践的时候，作为教师，应该严格把握一个尺度，不能对学生过于的放纵：

第一，要恰当地安排好专业知识的学习与实践活动之间的时间安排，知识和实践两者不能放弃任何一个，专业知识是学生开展职业实践的基础，实践是对知识的运用和深层次理解。知识和实践必须同步进行，只有正确处理好两者的关系，才能使职业实践活动更加富有成效。

第二，学生在学习专业知识和职业技能的同时，教师也不能忘记对学生综合素质和能力的培养，我们常说，做事先做人，人做不好，事也难做好。综合素质包括有：学习能力、沟通能力、协作能力、服务能力、随机应变能力等。

第三，放正心态，实践是为了以后工作中能够跟更快的上手、积累经验，所以，学生应该端正自己的实践性的心态，不要看重金钱，应该看重在工作中学习到了什么，工作中要注意的细节，不怕吃苦，主动找活干，了解工作氛围，提高人际交往与沟通能力等。

教师作为学生的指导性老师，应该针对学生具体问题具体分析，针对其个人的性格特点和兴趣爱好，帮助其推荐适合他的实践活动。同时，也应该提示学生在实践中应注意哪些方面的问题，实践结束后及时的总结，如何总结。

五、具体学生工作

（一）全面认识“自我”

全面的认识“自我”，这里强调的是全面，同时也强调的是“自我”，全面包括是对自己的价值观、兴趣爱好、个人能力等的全面和准确的认识。我们通常说，工作必须适合自己，自己才能干好，所以，对自我进行了解和认知，这是职业发展的起点。对自己的认识越深入、越清晰，就越能够了解自己的所需所能，从而在纷繁的职业环境中找到适合自己职业。职业生涯辅导中，教师应帮助学生客观正确认识自我，了解自我的价值观、兴趣、性格和能力。

一个人的价值观具有一定的支配性、指导性、同时其自身也具有一定的稳固性的特点，它是在个人成长中受到环境的影响而形成的。价值观的养成，直接的决定着人们的意识，意识又决定着行为。所以说，价值观对学生的成长方向、精神行为起着非常重要的决定性作用。对于职业发展中遇到的困惑和困难，很多也是与个人价值观密不可分。所以说，作为学生的教师，应该从价值观方向帮助学生树立正确的价值观，这个价值观包括个人的成长、学习方向、职业方向的问题，帮助学生权衡工作报酬与稳定性哪个因素更重要，并在选择中坚定自己的决

一个人的兴趣在哪里，他的工作努力度就在哪里。如果在一份工作中有兴趣，那么在这个工作中就能获得个人的愉悦感，同时为其后续的工作提供强有力的内在动力，而且他也会在这份工作中发挥自身的优势，激发自己的创作激情和动力，甚至是，如果喜欢这份工作，无论多么大的压力，也都觉得是一种享受，享受其中克服困难后的胜利感。

对于现在的很多大学毕业生来说，兴趣几乎没有，四年的大学生活，很多学生要不就是混迹在社团中找乐子，要不就是浑浑噩噩地度过校园生活，要么就是忙于兼职赚钱，等到大学毕业后，却发现没有自己的爱好和特长，从而在找工作方面没有目标和方向性。所以，教师应该帮助学生发现自己的兴趣点，发现自己的爱好，从而帮助学生进行长期的发展，进而向职业性的方向发展。特点性格是指一个人区别与其他人的个人特点，性格包含着人对事物看法以及个人的行为习惯。爱说爱笑的比较适合销售性的、灵活性的、与人打交道的工作。不善言语的人则可能更适合统计、文字等需要思考的工作。教师就要根据学生不同的性格，

帮助其寻找与其性格形式应的工作，同时，不断的修正和充实其个人的性格，争取做到完美。

能力主要是一个人能做什么？这里包括先天的能力和后期的技能两类。教师应帮助学生准确的认识自己的先天能力和客观的技能，帮助学生利用好自己的天赋和特长，鼓励他们多去实践中锻炼自己的能力和技能，发挥优势，鼓励创新，同时也可以为学生创造条件、整合资源，同时开展有针对性地开展相关通用技能培训，以拓展学生能力的提升空间。

(二) 认识人的“环境”

一个人所处的环境包含了很多方面，这里有国家社会的大环境、政治经济环境、家庭环境、行业环境等。现在对于大学生的未来职业构建来说，一个人的职业与社会环境、职业环境、行业环境有很大的关系。不同的环境有对学生的不同要求，所以，大学生应该充分认识自己所处的环境。

一方面，对于国家的大的环境的认识，这个大的环境包括政治环境和经济环境，其中政策性是导向，这期中对大学生起着重要作用的就是大学生的就业政策的认识。国家的就业政策在不断的改革，这需要学生能够不断的认识和适应，根据自己的特长、目标和理想选择职业。有些大学生由于本身的性格或者是学习，或许是家庭的原因，对于未来的就业会有很多悲观的认识，这种认识会影响自身的职业发展定位，因此，教师就应该从大局上面深入的向介绍当然的就业形势，帮助学生分析环境、政策、专业以及学生自己，帮助其找准自己的求职定位。

另一方面，教师自己对企业和岗位已经有了一定的认识。这时教师就应该从自己的自身经验中帮助大学生充分了解应聘单位的企业文化和理念，以及帮助大学生分析这个企业未来的上升空间，以及自己在这个公司是否可以实现自己的个人价值，同时，也应该指导学生在这个公司中应该学习哪些技能和知识，引导大学生树立终身学习的观念，提高人际沟通力、实际操作的能力等综合素质，以缩短适应期，尽快适应工作。

（三）树立正确的人生目标

大学里面的每一个专业，都有自己所要培养的人才方向，大学生所进行学习的专业，都会在未来的工作和生活中让他掌握某一方面的基本知识和技能，专业和技能是教师辅助大学生进行职业设计的基本点。一个公司招人的出发点也是学生在校学习的专业和特长，这也是大学生设立人生目标的依据。

作为教师，应该根据大学生的兴趣、爱好、特长、能力、帮助大学生树立争取的人生目标。如果说，职业与兴趣和爱好相适应的话，个人就会发挥自己的优势和特长，更好地做好工作。这就要求教师引导大学生把自己的兴趣向职业方面靠拢，或者是职业向兴趣方面靠拢，争取做到兴趣与职业的结合。还有就是告诉学生，争取在自己未来的工作中培养新的兴趣。

作为教师，对大学生的就业形势应该有一个更清楚的认识，所以，教师应该鼓励大学生争取做到人生目标和社会目标的相适应。个人是集体中的一员，职业活动是一种社会的活动，必定受到社会活动的约束，大学生在选择职业的时候应该坚持社会利益与个人利益的统一，要从长远的方面考虑，个人需求满足社会需求，所以，在选择职业的时候应该尽量在满足个人成长目标的时候，也适当地适应社会整体发展的目标。教师应该从社会的角度尽量的指导学生的职业与社会责任相适应。

在于能力特长方面，教师必须告诉学生这是职业选择中应该注意的问题。学校学习的好，并不代表了未来职业中就能干得好，不同职业有不同的能力要求；知识只是基础，能力才是关键。教师要从能力方面，告诫学生要重视个人能力和素质的培养，以实际的例子说明，应该对自己有一个全面的认识，根据自身的实际情况，选择适合自己的长远的能够发挥自己优势和特长的工作。

六、教师队伍的机制理念创新

理念是人们行为的先导，决定着人们思考问题的方法以及人们行为的方向。所以，创新性的理念应该作为教师队伍建设的新的出发点。

创新的大队伍建设理念。当前的教师队伍建设已经被提上了日程中，教师的作用在大学生的生活中发挥了重要的作用，所以，我们必须重视教师队伍建设。教师队伍建设应该在党和国家领导人的正确方针和政策的指引下，以教化人为目标，组建一批兼具职业与专家相结合的大的队伍建设。大队伍的教师建设必须坚持长远的发展的观念，树立长远的发展目标，用系统化的思维来组建队伍，具体来说，就是教师的人员选择可以使专职的也可以是兼职的，专业方面，可以是各个学科的队的人员。这种包容性很强的队伍建设，既可以扩大教师的队伍，也可以把教师的教育与教育中的各种学科相联系，提高教师的整体性的价值成就感。

开放式的队伍发展理念。教师的队伍建设应该是坚持开放性的、多元化的发展理念。不应该是封闭的、单一的机制建设。在教师的人员的选择方面可以坚持各种人员的融合。

第三节　教师的培训机制

近几年来，教师的队伍的要求性不断地提高，队伍的专业化程度也在不断地加强，这就要求国家必须重视对教师的培训和考核，这是社会责任和个人的责任。教师的培训应该是涉及职业化和专业化的相结合的，它涉及各个学校的知识，也涉及培训的现状的意义和原则性的问题，本章主要从教师的培训方面，介绍教师的建设性的问题。

一、教师培训的现状及意义

当前的世界是一个高速发展的饿，大融合的时。政治、经济、文化、科技已经变形了一个全球化协同发展的趋势，在这个大环境下的大学生，他们也开始接触了各种各样的知识和事物。从当前的国内形势来看，社会主义市场经济文化的发展，也要求不断加强大学生应该具备专业的学科只适合，同时也应该具有良好的思想政治综合素质，与此同时，教育的普及化的程度也要求了大学生必须加强思想政治方面的工作的，这些各方面的要求决定了我国的大学生教育应该有一支专门的辅导队伍来完成。教师是思想教育课堂上的老师，有效的开展培训教师的工作，这是关系着整个大学教育成败的关键，也关系着大学生身心发展的关键，同时，也决定了整个教育学科成败的关键。

纵观我国当前的教师队伍建设，仍然有着很大的不足，这里包括关注度不够、没有形成系统性的管理、缺乏科学的学科制度、专业化程度不明显等情况。因此，加大教师的队伍的建设，展开有效和完善的培训课程是关系着我国教师队伍的科学化、完善化、专业化的关键。

为了加强我国教师的队伍建设，各个高校要从提高教师的政治素养和综合的能力方面来建立教师培养的机制。体制的构建需要政府和组织、民众齐心协力，工作做好工作，其中应该加强规章制度的制定，包括对教师培养和培训计划的制定，具体来说，就是教育部门应该按照本地区的特点，制定出适合本地学校的教师培训规划，坚持按照层次化的体系进行开展，做到一步一个脚印的开展，必须经过培训才能上岗，必须坚持一般的培训与特例的培训相结合的，同时对于优秀的教师，可以让其进行在学习和深造。

教师的培训具有重大的意义。

首先，做好对教师的培训工作是对教师个人价值的重视的体现，是对其专业地位的认可，更是保证其长远发展和稳固的关键。

教师的培训工作的完善是确定其专业地位的保障。教师工作应该作为一门专业的学科来界定。作为一门专业的学科应该具备专业的知识体系、专门的技术、专业老师有一定的社会地位。所以说，如果想把教师专业作为一门专业性的学科来设计，就必须有一个专业的知识体系，教师通过学习专业知识之后，才能与其他学科知识一样走向一门专业化的道路。其次，在保证教师的专业知识学习以外，还必须进行一些相关技术、能力和素养的培养，这是能够有效开展大学生思想教育的关键，专门的教育和训练可以使教师更有能力做好辅导的工作。培训还有助于让教师在社会上享有一定的社会地位，培训会涉及到课程、管理、机构等，这些在社会上面的存在必然加大了教师的关注度，从而让人对教师的职位性和必要性更看重。

其次，教师队伍培训是保证队伍长期发展的重要举措。队伍的专业化建设需要建立在一定的稳定性上面，队伍的不稳定，不可能做成专业化的建设。造成教师队伍的不稳定性主要是应为缺少切实的职业培训体制、没有完备的职业规划、使教师丧失了在这个行业的归属感，让他们感觉不到稳定和长期发展的动力。所以说，加大教师的培训，首先可以让教师对自己有一个清晰的认知，知道自己在社会上的地位和重要性，增强自我的认同感，同时也能明确其作为一名教师所享有的各种权利和义务。经过系统培训的教师，他们会自我的认为自己拥有从事教育的资格，这让他们在工作中更加的有方向性和归属感，这样他们也可以全身心地投入到工作中去，提高自身的教育创造性。还有就是加强了培训的教师，他们在教学中，也可以学习到相关的知识，这为他们后期的进修和更深层的学习打下了基础。

再次，教师职业素养的养成需要在培养进行。专业素养涉及理念、知识和能力三个方面，它主要是表现在一个人在该方面工作所呈现出的综合素质。专业素养不可能个人独立的养成，必须经过系统化的学习和培训。对教师专业素养的培训，首先就是要形成一种理念，让教师对大学生的思想教育工作有一个全面而深入的认识，明确教师工作的性质和特点；其次，要有一套完备的体制构建，体制的开展可以确保专业知识和能力的提高落到实处；最后，就是要明确工作的任务和所要担当的责任。

最后，系统化的培训可以让教师有效开展科学研究。培训让教师具备了扎实的知识和技术，再加上他们有过教师的经验，他们可以把理论与实践相结合，进行有关方面的研究。其次，培训不仅可以让教师学习到一定的知识，同时也可以让他们养成一种重新看待问题的方法和方向。培训与生活密切相关，培训还让为教师有了更多发现问题、研究问题、探讨问题的方向和方法。

二、教师培训的原则

教师的培训必须遵循相关的原则来进行，不能盲目地进行。一定的原则可以确保培训工作有序开展。

（一）激励原则

激励是在任何的培训中都会涉及的。个人的激励是对个人进行的激励，团体的激励是对一个组成的全体成员的一种为达到一定的目标的激励。教师的培训，也是一种组织的激励，教师的成员需要的就是通过培训获得一种组织的激励，从而实现自我价值和个人目标。很多时候，如果一个人积极地参加的培训中，他们的创造性、主动性、激情得出充分的发挥，那么他们就能很好地完成任务，相反，负面的情绪则会造成不良的后果。所以说，激励在个人成长和任何阶段，都是一个非常重要的要考虑的方法。同时，在使用激励的方法，鼓励教师的时候应该从这两个方面进行：全员激励和感情激励。

全员的激励。对于教师的激励方法，这个方法必须是适合大众的方法，不应该是针对某一个具体的人的方法，而且这个方法还必须是能够长期、全过程都能进行的。不能说是只对某一个人有利，也不能说是只适合一个阶段，它既贯穿整个培训过程的各个阶段，同时还必须能够保证培训工作能够不断向前发展。在任何的活动中，激励都是在困难的时候突出其重要性，为了就是使人们在过程中始终保持热情和干劲。

感情激励。培训不只是传授知识的过程，同时也是一种老师与学生进行情感交流的过程。情感的激励带有明显的选择性，人们往往相信愿意接受自己喜欢的东西，而感情又引导自己的情绪。尤其是对于学习不太好的学生，感情激励更重要，所以，对于教师的培训，相关的老师，应该重视与教师学生的感情培养。时刻关心他们，爱护他们，这样才能激发起奋斗的热情。具体的激励措施和办法有：

目标激励方法。有了目标，才能明确行动的方向。对于学校的领导，应该把教师的工作相关政策告诉大家，让大家明确形势，提高整体形势的认知。主体的意识与个人的行动有机结合的时候，才能更好地达成目标，过程中的努力度和积极性才能充分地发挥。

榜样激励方法。人们都比较喜欢受到崇拜，同样，人们也善于学习他人的言行，所以，对于教师的培训应该采用榜样的方法，激励其学习。榜样是来模仿，也是来超越的了，人们都有上进心。所以说培训的老师和领导应该自身树立好榜样，让教师学生进行学习和效仿。

利益激励方法。人们常说，人为财死，鸟为食亡。所以，对于教师的培训工作我们也可以与利益相结合，鼓励和引导人们参加培训。教师培训的引导者应该从利益点出发，把个人的利益与教师的培训紧密相连，使人们从心中自觉地参加培训。很多的时候，经过培训的与不经过培训的一定要严格地区分开来，不能一概而论，对于经过培训的，有了资格证的，可以优先考虑，其次就是在经过培训的，可以在待遇这方面有所提升，主要就是让培训的结果与利益挂钩，这样可以及其教师的培训欲望，增加培训的主动性和积极性，把学习变为主动的接受。同时也可以通过减免学费和培训费的优惠政策，鼓励他们参与各种培训，不断拓宽他们的知识面，提高他们的管理能力和技术水平。

集体激励方法。集体激励法是通过提高自觉性和积极性的方法，这里涉及的是在一个集体中个人所获得的荣誉感和责任感。在班级中开展不同形式的比赛，在学生之间通过比学习、比纪律、比成绩的形式，来到培训的目的，这个过程不仅可以加强学员之间的关系，提高整体的培训目标性和水平性。集体的激励法还包括要让培训者主动的制定目标和参与讨论。除此之外，还可以一步一步来进行，刚开始设计比较小的目标，在设计较大的目标一个个来，这样可以让学员在完成一个任务后，能够获得自信心和成就感，这也有利于后期更多的目标的实现。

(二) 职业定位原则

教师的培训，一定要结合教师的职业发展方向和职务的内容。我国关于教育的有关文件中明确了教师在高等教育中的地位和作用，它是大学生思想政治教育的中坚力量。教师的工作任务应该按照国家和社会的要求，明确其自身的责任和义务，做好自己的思想政治教育活动。教师在大学生的教育中担任了很多的工作，他们既要搞好学生的日常的学习和生活的工作，同时还要时刻关注大学生的思想政治教育的教育工作，除此之外，他们还需要担当学生毕业后的就业的问题。我国的教师一方面要对学生的思想品德教育起到辅导和教育的作用，另一方面还要做好大学生的心理咨询老师，帮助学生解决心理上面的困惑和难题，同时，还需要管理好班级等的日常事务，起到服务的作用。教师的工作职责中除了是对学生的作用外，还有一个重要的特点是他们还是我国党政机关的后备军。

从上面的分析来看，我们可以知道，教师的作用和重要性，这不仅是对教育的作用，同时也是对党的人员和干部积累人才的关键。我国的教师工作是集中了服务、教育、思想等于一体的工作，除此之外，教师的工作涉及的都是事物性的，所以又比较的复杂。我国现阶段的教师面临着重大的挑战和工作，大学生普遍的受到政治、经济全球化，还有各种网络信息的影响，他们的心理和思想也呈现出各种各样的因素的影响，这就加大教师工作的难度。面对着这些困扰，必须加强对教师的培训，密切结合教师职业发展定位，为教师点明职业发展的方向，促进他们对职业全面认识。

（三）个体差异原则

每一个人自身都有区别于别人的不同特点，教师也是一样的。因为其自身有着不同的目标、理想、同时在文化程度、理解程度上面也是不一样的，再加上有的人年龄大，阅历深，有的则因为年龄小阅历浅，所以，这就决定了对于教师的培训工作，不能按照一个标准来进行，二应该坚持个体差异，区别对待的原则，根据各自的特点，做到因材施教，因人施教。

对于个体差异，区别对待的具体工作就是在最大可能的满足普遍性的学习需要的时候，就是传授教师整体的专业技能、提高工作效率和工作水平的时候，根据不同的人，开展不同的课程，不同的授课方式，坚持理论联系实际，解决实际问题。

（四）实用性原则

辅导远的培训工作的实际出发点是再具体的工作中把工作做得更好。教师的培训就不能只重视知识和理论的学习，而应该注重实践和能力和方法的培养，并在培训中为他们具体的实践，帮助其领会具体工作的内容和意义，将培训与实际工作紧密结合。实践性原则的出发点就是从具体工作中出发，培养各种工作能力和方法，提高教师的工作水平和技能。

教师的培训应该在坚持一般情况下的教师培训的基础上，运用教师特有的培训方法，认真组织教师的培训工作，坚持求真务实的工作作风，在组织工作的各个环节上面下真功夫，去掉高校师资培训中的不良现象，严格的不能走以往的培训的形式主义的现象，坚持求真务实的态度，避免资源和时间的浪费。

（五）效果反馈和结果强化原则

对于培训的过程及内容和结果，我们一定要采用透明化的原则，及时地反馈给培训者，让他们能够及时准确地掌握自己培训的内容和进程，以及获得的结果。反馈的内容包括日程表、内容表、程度表、考核的内容表、考核的结果表等。这种结果和内容的反馈，可以让培训者及时地了解自己学习的效果，增强学习的信心和动力，从而提高学习的积极性。

及时的反馈还可以让培训者及时地了解自己的学习程度和结果，及时地知道自己的学习差距，同时能够学校重点工作，紧紧围绕形势的变化，从全局出发，提出解决问题的具体措施和办法，培训反馈的信息越及时、准确，其效果就越好。

强化的作用是对培训者进行好的行为的鼓励和表扬，坏的行为摈弃和改正，这种方法是一种好就更好，坏就立刻改正的好方法。表现好的强化激励方法可以通过发奖状、奖金，授予学习模范光荣称号的方法；对不正确行为给予批评和惩罚，但是，我们一般要采取多表扬，少批评的方法，尽量的从正面和侧面来鼓励培训者，帮助其数量正确的观念和方法。这种强化和激励的方法可以在培训的任何过程中都能进行。

（六）时效性原则

学校的需求与培训者个人的发展的是教师的开展培训的依据。教师培训的工作必须及时的顺应院校发展和对教师综合能力和素质的要求，时刻关注个人发展的需求之所在，做到及时调整辅导的方针、政策、制度和方向，坚持贯彻时效性原则。具体就是说，不能在培训目标方向、培训的主提和课程设置方面千年不变，应该结合学校发展和个人需求，及时做出调整，尤其是其内容方面，一定要及时调整，及时更新。现在的社会是一个飞速发展的大社会，信息的高速传播，技术的日新月异，都在时刻的影响着人们，所以，这也就要求了教师所掌握的知识和技能应该不断地更新和提高，否则很有可能落后于别人，与现实拉开差距，逐渐的就会被淘汰。培训的最终目的就是能让培训者改变思维方式和传统技能，所以，培训的内容和课程学习方面必须坚持时效性原则。

三、教师培训的内容

（一）思想培养教育课程

思想政治教育课程的存在是历史发展的必然，其是我国社会主义精神文明建设的必然需求，也是保证我国大学生思想政治教育良好发展的关键。

大学生的思想政治教育课程是对大学生进行全面的、系统化的思想教育的重要课程。作为大学生的教师，当然也应该而且必须认真地学习思想政治教育课程。教师主要是在教育中起到调节和辅导的作用，主要是配合主渠道的教育，来对大学生进行教育和培养，所以教师应该具有更高的思想水平和政治觉悟，做到育人先育己。所以，大学的思想政治教育课程应该是适应学生和辅导者共同学习的教育科课程。

（二）心理素质教育类课程

心理素质教育类课程应该包括两个方面的，一个是对大学生的思想政治教育，这是教师自身的职责，是其作为一个老师本身的义务和责任，同时另一方面是对辅导老师自身精神文化素质的培养，辅导老师也是人，他自身也会涉及心理、思想等方面的问题，所以，如果想要较好学生，必须以身作则，身正为范，做好自己，才能更好地较好学生。因此教师具有健康的心理素质显得尤为重要，通常情况下，我们认为一个高校的教师应该在知识文化水平上面有一定的造诣，在专业素养上面达到一定的标准，在心理素质方面应该达到一定的程度，除此之外，更重要的是应该具有一定的人格魅力、有为人师表的吸引力。

（三）就业指导类课程

就业指导就是帮助学生能够找到适合自己的工作，这主要是涉及事务性的工作。就业指导课程的内容会包括到国家就业指导的政策和法律法规、就业的前沿动态、行业的发展趋势、未来国家的扶持导向，还有就是具体的就业的技术、心理、方法、技巧以及服装、仪容等方面的知识。教师的就业辅导应该是根据不同阶段的学生，采取不同的方法的辅导。教师的就业工作指导与毕业后的公司的人力资源管理师的工作职责，有着异曲同工之处，作为高校的就业指导的老师，也就是教师来说，他们也应该具有一定的人力资源的知识，比如对人才的评价、心理的研究、人才的考核，还有就是相关劳动法律法规的研究。

（四）学生日常工作的综合管理课程

学生的日常综合管理课程的设置是教师工作进入专业化教学的一个的前期铺垫。外国很多国家，已经把学生的综合管理作为一个专门的课程来教学。学生的综合性的日常管理已经逐渐从一个不起眼的管理性事务变成一门独立的学科，专业化和职业化的程度在不断地加强。

（五）其他培训内容

首先应该加强对一般的工作内容的培训。培训的内容包括：教师的政治素养、一般的大学规章制度、具体的教育教学方式方法等。对于对教师的政治素养的培养，应该是在教师本身的理论的基础上面进行的再教育，因此这要求教师本身就应该有一定的政治素养。大学的规章制度，也是培训的内容，除此之外，还有就是在具体的思想政治教育的方式方法上面，现在的沟通交流的工具特别的多，教师可以根据自己的擅长以及大学生喜欢的方式，通过微信、短信、QQ 的方式进行沟通和交流，在交流中拉近与学生的距离，这样也更容易为让学生接受教师的教育和指导，这个方法，也特别的适应在学生思想心理问题的解决过程中。

其次，重视对学生工作的规章管理制度的培训。各个高校根据自己的实际情况，制定具体的学生管理方案和制度，作为高校的教师应该深入的学习和掌握工作的规章管理制度

再次，加强对教师综合能力的培训。综合能力不仅包括有具体的工作能力同时也包括各种的创新能力和科研能力。教师是的学生思想政治方面的老师，他主要是通过观念和思想来引导和教育学生，所以，在思维方面的创新意识的培养对教师来说尤为重要。没有创新能力的教师很难做到与时俱进，也无法做到培养创新能力的学生。这与大学生素质教育的目标相背离。创新的工作方式也可以变成传统的工作方式，对大学生的教育也是一种新的探索和发现。

教师科研工作的能力的培养，需要在不断的探索和实践总才能得到提高。量变引起质变，实践只有上升为理论，并在不断的实践中才能取得质的飞跃。教师的科研工作能力是目前各高校的一个正在发展中的能力培养，所以通过多方面的信息渠道来提高科研的能力，充实原有知识结构，提高教师的科研能力，培养一支水平高而且科研能力强的教师队伍。

四、教师的培训形式

（一）进入工作前的培训

教师的思想政治素质的好坏，直接决定了其工作的好坏。其中包括教师的知识结构、能力水平、方法方式等。教师直接关系学生思想政治教育和管理的质量，因此，上岗前的培训尤为重要。对于教师的岗前培训是为了他们进入工作后，能够更快地适应和开展工作的关键。很多新人刚开始对工作的内容和方法没有思路，就很难开展工作，对他们进行岗前培训，让他们尽快熟悉学生思想政治教育和管理工作，从而为做好这项工作打好基础。

岗前培训不应该讲的过深，过难，应该讲的基本的知识和技能、方法。还有就是关于教师的职业操守的相关内容。应主要侧重对教师必需的基本业务知识、技能和基本理论素质的培训。针对教师工作职责，要尽量的培养他们的爱岗敬业的心理，热爱教育工作，要有一定的社会责任感和奉献精神。对于学生的思想政治的培养也可以才采取感情教化的方式，以情感人，采用调查与研究相结合的方式，因材施教。

（二）日常培训

教师的日常培训，需要不断的融合创新的方式和方法，在根据教师队伍自身的特性和发展需求上面进行创新性的方式研究。日常的培训应当把理论、知识和技能通过创新的方法，结合教师学习需求的重点和实际情况，坚持把学习的东西用到学习和工作中的基本原则，全面的、协调的开展工作。日常的培训工作，主要包括思想教育和心理健康教育、基本的学生日常学习和生活管理、毕业生未来职业生涯规划、对于大学生的实践与考察等。这次日常的培训还可以通过专题培养的方法，协助教师学习思教育学、政治学、管理学、心理学以及就业指导等方面的专业知识。最终形成一个有序的开放的教师教育培训模式。

日常培训主要是强化的教师自身的学习能力、与学生沟通的能力、获得新的知识和理解分析问题的能力、对教育教学的科学研究的能力的。日常培训的目标是让教师掌握一个的知识和文化，还有就是具备良好的教育素养，除此之外就是能够开展文化活动和社会实践的能力，有能力指导毕业生未来的就业工作。教师的主要工作是为学生解决思想问题和稳固学校的稳定以及帮助学生处理突发事件等工作能力。

有些高校创建辅基地，对教师的培养按照要求的不同进行具体培养，比如，一些岗位是培养关于教师对未来学生职业教育方面的，还有一些事关于心理辅导的，还有就是涉及具体的生活管理的岗位培训，还有就是关于一些对于更高职位的教师的培训。岗位的不同，培训内容就不同，针对根据教师的不同职业岗位的特点，从而有重点、有针对性地提高不同职业岗位教师的整体素养。

我们从具体的生活中，也总结了一些例子，一些依托教师协会的学校，他们的教师工作进行的比较专业化进。所以说，我们可以在全国的高校范围内，创建各省市具有自己特色的教师组织机构，把他办成一个沙龙形式的机构，使之成为教师职业引领者。教师组织机构可以通过培训、交流和学习等方式方法，从整体上面提升教师的各个学科的知识储备和教育教学技能，在培训中，不断地完善自己的职业素养和心理素养。教师在学习好自己的知识和技能的时候，也可以学习一些相关的知识和技能，比如心理学、就业指导的知识等，完善自己。

（三）专题培训

经济全球化和政治全球化的影响下，我国的大学生的思想呈现出不断变化的趋势，整个大环境下也都因为变化而变化，所以来说，对于人们的思想政治工作也是很难从一个内容上面去做。再加上，一直以来对于思想政治教育环节重视的薄弱，对于新的社会动态的关注度不够，跟不上形势的发展，这些都对思想政治教育工作有一定影响。所以说，在新的形势下，我们应该努力提高自己的思想素质和理论水平，才能去做好学生的思想工作。

在现在这个新的环境下，建立专题培训是符合时代的发展和职业咨询师等的兴起，更加的确定了大学生教师的专题培养的可行性和必行性。专题培训还可以弥补一些人没有思想政治教育的背景，还有一些人没有很好地与学生沟通交流的能力，还有一些人确实足够的教学技巧和方法的缺陷，从各个方面对教师进行更为精细的培养。

（四）学历培养

我国的教育非常的鼓励大学生思想政治教育中的优秀老师进行再深造，这是提高大学生思想教育质量的关键点。

大学生的思想教育工作者进行再教育，这也是他们提高自己学历和知识储备的一个好机会，每一个教师都应该珍惜。对于教师来说，他们已经进入工作很长时间了，可能都已经有了家庭和孩子，所以平时的工作任务繁杂，很多也都没有时间学习和进行科研工作。如果有了国家的专门的学历的培训，可以使教师有时间和精力参加到培训中，给了他们充足的时间去学习，也让他们有理由进行在学习，因为他们已经有了工作经验，也带过学生了，如果在经过学习，做到了理论与实践的结合，他们会在后来的工作中更加的得心应手。同时也能对自己的工作和学习进行反思，作科研，出著作做铺垫。

（五）骨干培训

教师队伍中的骨干力量是教师队伍学习的榜样。优秀代表。教师队伍的专家化是未来我国教师职业发展的一个大的方向，也是大学生思想政治教育专家的过程。教师的思想政治教育是一门专业和职业的相融合，它的发展成专家化的过程需要有理论知识和科学体系的构建，同时也需要进行一定的科研工作。而进行科研的人一定是这个行业中的佼佼者，而教师中的骨干力量正是未来能够从事科研的人选。骨干力量的培训，也从一方面反映了对教师队伍稳定性的要求。

如果一个优秀教师不能长期的留在教师的队伍上面，这对其个人的发展，以及整个教师的队伍来说，都是不利的，重新补充新人，不能更好地开展工作，也浪费了各种的培训资源，不利于这支队伍建设，不利于做好学生思想政治教育工作。

第六章　义务教育阶段教师绩效考核体系的构建

第一节　教师考核方式分析

一、绩效考核的科学认识

（一）绩效与绩效考核

1．绩效的概念

绩效的内涵丰富，从字面的上来看，“绩”指的是“业绩”；“效”指的是“效率”，也即工作结果和工作过程，是做了什么(实际效益) 和能做什么(预期效益) 的最终呈现。从不同的学科领域对绩效进行分析，将得出不同的结果。

在管理学的层面，绩效主要有包括两个主要方面，即个人绩效和组织绩效，其是组织机构希望最终达到的目标，是组织为了实现最终的目标而在不同的阶段制定的有效输出。个人绩效呈现的是组织中的成员在某一阶段的工作行为和工作成就；组织绩效最终呈现的是组织本身在某一阶段完成任务的数量和质量等内容。在现实中个人绩效和组织绩效的关系是：个人绩效以组织绩效为中心，个人绩效最终决定组织绩效，两者共同服务于组织的整体绩效。因此在实际制定绩效计划的过程中，需要先行制定组织目标，其次根据不同的需要制定部门目标，最后再根据部门目标，制定部门成员的个人目标。只有部门个人实现了目标，部门目标才能得到落实，才能保证组织目标的最终完成。

在经济学的层面，组织必须保证组织成员的绩效和薪酬呈正相关关系。组织成员必须保证绩效的完成，而组织必须保证对组织成员薪酬的发放。当一个身处组织中时，就必须完成组织所要求的绩效，当其完成所要求的绩效时，组织必须对组织成员发放相应的薪酬。这是一种对等承诺关系，是市场经济中等价交换原则的体现。

在社会学的层面，绩效要求社会中的每个成员严格按照社会分工所赋予其的角色和定位完成他相应的职责。社会中每个人的生存权利是相辅相成的，都需要其他成员的保证和协调。从这个角度进行分析，则可以认为实现绩效目标是每个社会成员必须履行的任务。

2．绩效考核的概念

绩效评价(Performance Appraisal) 是过去人事管理和现代人力资源管理中绩效管理过程的关键环节，其在具体命名上会出现相异的情况，如在英美两国的叫法是“考绩”，日本的叫法是“勤务评定”，法国的叫法是“鉴定”，埃及的叫法是“评价”。但是具体到评价的内容和方法，则没有太大的差异。在我国，绩效评价也有不同的名称，如绩效考评、绩效评估、业绩评估等。

绩效评价是绩效管理中一个相对独立和完整的关键环节。绩效评价是依托于绩效而产生的一种评价方法，其特点也受绩效多样性、多维性和动态性的影响，因此不同的专家对绩效评价的理解不尽相同。如在史密斯(R．C．Smith) 看来，绩效评价就是对组织中的成员的工作成就进行评比；在朗斯聂(Longsner) 看来，绩效评价是客观评价组织成员的工作能力、工作态度和创造的经济利益的一种方法。在富利普(E．B．Flippo) 看来，绩效评价是对组织成员的现有成就和晋升潜能进行的一种客观评价。在日本学者松田宪二看来，绩效评价是按照一定的规章制度，对评价者的日常工作进行观察和记录，以达到培养组织成员目的的评价方法。在蒙迪(R．W．Mondy) 看来，绩效评价是一种正式正规的制度，用来评价组织成员一定时期内的工作情况。

总而言之，绩效评价是一种运用一定的方法和程序对组织成员在工作上的状况进行考核的一种评价手段和方法。可以认为，绩效评价是组织为实现战略目标而采用的一种考核手段，用来促进组织成员按时保量地完成工作任务。

绩效评价有三项主要含义：

第一，绩效评价是一种促使组织目标最终实现的一种评价方法，其具体实践手段是以组织的最终目标为核心，以此展开对组织成员工作状况的评价，将最后的评价结果进行量化处理，然后将评价的结果与其他的管理职能联系起来。

第二，绩效评价是一种运用一定的规章制度、程序步骤对组织成员进行评价的一种方法，其属于人力资源管理系统的一部分。

第三，绩效评价也可用来对组织成员在工作过程中流露出的工作态度，和最终获得的业绩进行评价。

（二）绩效考核的类型

为了保证绩效评价工作的顺利开展，在此之前，必须对绩效评价的类型有详细的了解，只有这样才能根据具体的情况选取合理的评价方法和手段，从而更有效地完成绩效评价，实现绩效评价的理想目标。一般而言，可从评价的主体、对象、因素和目的对绩效评价进行分类。

1．从评价主体层面进行考虑

从评价主体层面进行考虑，绩效评价包括三方面的内容：政府评价、社会评价和自我评价。

政府评价是一种有政府相关部门进行主持的评价，因其在政府组织下开展，所以具有一定的权威性和可行度。

社会评价是在社会团体组织下进行的评价活动。政府在进行决策时，会考虑参考社会评价的结论。因此会在很大程度上影响评价组织或者个人的声誉。其可信度并不稳定，一般受到参与评价的社会团体组织的专业水平等因素的影响，社会评价结果并不像政府评价那样具有权威性，主要对评价主体有一定的激励作用。

自我评价是评价主体依据一定的评价制度对自我行为、态度进行的评价。在自我评价的过程中，评价主体可进行反省，以达到自我完善、自我发展的目的。在进行自我评价中，需要注意评价的客观性，这将在很大程度上影响评价的结果的可信度，并会最终影响未来工作的开展。

2. 从评价对象层面进行考虑

从评价对象层面进行考虑，绩效评价主要包括对组织的评价和对个人的评价。

对组织的评价是一种根据现实的客观现象对组织进行的评价，在这种评价方法中，评价主体是作为整体的组织。在对组织的评价中，主要内容有：政策支持系统、环境支持系统、组织支持系统、经费支持系统及人力资源系统等。这种评价的主要特点是范围较大，工作量大，比较耗时费力，具有一定的挑战性。

对个人的评价是一种从微观角度进行的评价方法，在这种评价方法中，把组织中的个体作为评价对象。在对个人的评价中，主要内容有：结果性评价、过程性评价等。在实际操作中，它主要针对组织成员的工作表现、工作业绩进行评价。

3. 从评价因素层面进行考虑

从评价因素层面进行考虑，绩效评价主要包括终结性评价、形成性评价和条件性评价。

终结性评价是一种对工作结果进行考核的绩效评价方法。一般在工作完成后才开展终结性评价，其特征为用目标作为衡量的指标，因此有被称为目标评价。在实际运用过程中，终结性评价主要采用定量分析或者定性分析的方式，其主要效用是鉴定评价对象的实际情况，

形成性评价是一种对工作过程中的状况进行评价的绩效评价方法。形成性评价的主要效用是判断出评价对象在工作过程中出现的问题和取得的成就，并根据实际的情况提出相应的建议和意见。根据形成性评价的结果，评价主体可对自己现有的状态进行调整，以促进自己工作的改善。

条件性评价是一种对评价对象的物质条件等状况进行评价的绩效评价方法。条件性评价改善了其他绩效评价方法只关注评价对象是否达到目标和活动本身的合理性的问题，将关注点投到实现目标和活动开展的可行性上。条件性评价是一种相对性的评价方法，在实际操作过程中，其采用的大多是定量分析。根据条件性评价的结果，评价主体将对自己的现有工作态度做出相应的改善，以推动工作的高效完成。

4．从评价目的层面进行考虑

从评价的目的层面进行考虑，绩效评价主要包括奖惩性评价和发展性评价。

奖惩性评价形成于上世纪初，是一种根据成员的评价最终结果，做出相应的解雇、晋升等决定的绩效评价方法，其主要目的是为了改善绩效管理。奖惩性评价是终结性评价的一种，其具有终结性评价的典型特点，即较为关注评价的结果，却对专业发展的过程关注较少。因此导致了部分组织和组织成员对奖惩性评价机制的抱怨和不满。

发展性评价形成于 20 世纪 80 年代的英美等国家，传入我国是在 20 世纪 90 年代中期。发展性评价，是一种通过评价来促进组织和组织成员共同进步的绩效评价方式，其出发点是提高组织和个人的专业水平。

发展性评价是一种融合了形成性评价和终结性评价特点的形成性评价方法。其主要特点是既关注评价的结果，也关注专业发展的过程。因此，发展性评价具有其他评价方法不具有的优势：

第一，评价对象可在这种评价体现中不断实现自我的专业发展。

第二，评价对象专业发展的历程可在发展性评价中得到形象的展现。

第三，在进行发展性评价的过程中，评价对象可得到及时的反馈，并相应地做出调整。

第四，在发展性评价中，由于评价对象的全程性参与，实现了评价过程的公正透明，这样就在一定程度上减少了公众对绩效评价的反感情绪。

第五，绩效评价是一个循环的长期过程。

（三）绩效评价的作用

在过去，一般认为绩效评价的主要职责是保证组织成员在工作过程中的默契配合以实现工作的高校完成；只有进行绩效评价才能达到知人知事的目标，才能相应地实现人与事科学的结合。从这个角度来看，人力资源是管理是建立在绩效评价之上的。这就导致了人们对绩效评价认知的局限性，认为绩效评价只能应用于人力资源管理领域。这种情况随着经济的迅猛发展得到了改变，现今各组织希望通过对绩效评价的合理应用，以此来实现组织和个人的迅速发展，保证战略目标的族中实现。从这个角度来看，绩效评价具有多方面的作用。

1．推动组织实现战略目标

发展战略是组织对未来发展的目标，而目标的实现依赖于组织所有成员积极主动地发挥主观能动性，尽职尽责完成工作内容。因此，在组织战略管理控制系统中，绩效评价的作用不容小觑。在实际工作中可以看到，现今的绩效评价不仅仅应用于人力资源管理领域。许多组织为了提高组织的发展水平，以绩效评价的方式对组织成员做出评价，以实现组织内部的持续高速发展。

绩效评价的出发点是对组织成员进行评价，以促进个体的进步和提升，但其落脚点是为了推动组织总体效能的上升。因此，在制定绩效评价的具体实施方案时，管理者首先需要考虑的是如何通过绩效评价的运用促进组织成员的工作效率的提高，以达到最终实现组织战略目标的目的。在这里绩效评价的主要角色是通过绩效评价的主体、周期、内容、标准等诸项因素来引导组织成员的行为。

2．优化人力资源管理

进行绩效评价的主要目的是为了充分调动组织内部成员工作的积极性，以最终实现组织的战略目标，这就要求在进行绩效评价的过程中，在公正客观的原则上对组织成员的工作行为、态度和结果进行评价。绩效评价属于人力资源开发与管理中的一项工作，主要职责是依据科学的原则对组织成员的工作行为和成就做出衡量。对于整个组织的发展而言，合理地运用绩效评价以及获取客观的结果，将会在极大程度上优化人力资源的管理。

绩效评价的结果是组织管理者进行公司管理的主要依据。从组织角度来看，管理者通过绩效评价可以获悉组织成员的工作行为、态度、成效等一系列信息，然后依据一定的整合原则，对这些信息进行加工和统计，然后根据获得的综合信息，对组织的现行制度做出调整，以实现组织的持续发展。从组织成员的角度来看，这些绩效评价的结果可作为个体奖惩、调动职位的依据。但是需要注意的是，绩效评价必须保证其公正公开性，这样才能得到组织成员的信服，以更好地指导工作。

3．增强上下级和组织内部成员之间的沟通

从本质上来看，绩效评价是一个沟通过程，通过绩效评价可促进上下级和组织内部成员之间的沟通。在绩效评价的过程中，需要评价者和评价主体进评价结果进行讨论，针对优点提出表扬和奖励，针对缺点给予相应的惩罚措施和提出相应的改善建议，并对其中有失公正的评价结果予以更正。

绩效评价的过程可以看作是上下级和组织内部成员严谨的沟通过程。通过这样的绩效评价，管理者可以真实具体地探析评价主体工作的实际进度和存在的问题。评价主体也可通过绩效评价及时获悉管理者的基本管理思路，以更好地进行本职工作。通过这样的沟通管理制度，组织和组织成员之间的隔膜可得到逐渐化解，从而提高工作的效率。

4．激励组织的发展

为了实现组织的稳定和迅速发展，组织会相应地制定每个阶段的战略目标，为组织的发展方向，和个人的努力方向做出指引。但是在实际工作的过程中，仅有目标的制定是不够的，会出现工作动力不足而导致工作效率低下的问题。绩效评价在组织内部的应用，就很好地弥补了这一缺陷。通过对评价结果的正确认识

和分析，可以使组织和个人对自己目前的阶段状况有一个准确的定位，发扬工作中的优良传统，改进工作中做得不到位的地方。

与此同时，组织成员可根据绩效评价的结果获悉组织的期望，以明确自己下一阶段的努力目标。这是因为，上级主管部门的组织对组织成员的期望往往是不公开的，组织成员很难获悉其对自己真正的期望。而通过绩效评价，组织成员可得到在平时的工作环境中得不到的关键信息，从而根据这些信息对自己的工作态度和方向做出相应的调整。这样一来，便可以弥补组织成员对自己的过高估计或者妄自菲薄情况的出现，更好地发挥自我发展的潜力，更好地服务于组织的战略目标的实现。

（四）绩效考核的内容

由于评价对象的不同，在实际操作中绩效评价的内容也会呈现出一定的差异。一般情况下，评价的目的决定评价的内容。由于绩效评价目的的多样性，绩效评价的内容也呈现出不尽相同的面貌。本书将绩效评价内容大体分为基于组织的绩效评价和基于个人的绩效评价。

1．基于组织的绩效评价

绩效评价不仅包括组织对组织内部成员的评价，其中也包括上级组织对下级组织的评价。由于两者的出发点不同，其评价的内容也有所差异。其中基于组织的绩效评价主要包括四个方面：

第一，对组织领导体制建设的评价。一个组织领导体制的建设事关这个组织的持续发展，具有关键的作用。这是因为一个领导班子的好坏将会在很大程度上影响上级主管部门制定的发展战略是否可以得到有效的落实。因此在对一个组织进行绩效评价时，首先要对其领导体制进行评价，这是对组织进行绩效评价的关键所在。

第二，规章制度建设评价。一个组织的长期稳定的发展，有赖于一个公正合理的规章制度。在建立这样的规章制度时，应从宏观的角度出发，使其具有一定的长期性，不因领导人职位和观点的改变而有所改变。因此，在对组织进行绩效评价时，也要对其指定的规章制度进行相应的考核，确保该组织及时对不合理的规章制度做出改善，以更好地指导组织的发展建设。

第三，专业队伍建设评价。一个组织的核心竞争力体现了其队伍建设上。一个拥有高素质人才的专业队伍，是组织稳定快速发展的关键所在。因此，对组织的专业队伍建设进行考核，是绩效评价中一项重要的内容，其具体评价内容包括：队伍的结构、工作状况、培训发展、基本评价等。

第四，工作目标落实评价。组织成员是组织的一部分，因此在对组织进行绩效评价时，也需对组织成员进行绩效评价。在具体评价过程中，组织成员的工作目标落实程度是绩效评价的主要关注点。

2. 基于个人的绩效评价

基于个人的绩效评价主要是对个人的品德、态度、能力、业绩四个方面进行评价。

第一，个人品德评价。在对个人进行绩效评价时，品德是首要进行考虑的因素。品德指的是个人的精神境界和思想追求的综合体现，决定着一个人的总体面貌。在实际工作的过程中，一个人的品德可以通过其言行举止得到体现，如是否尊重他人，是否遵纪守法，是否信守承诺等，这些都是个人品德评价的重要内容。

第二，工作态度评价。工作态度是一个人在日常工作中的基本态度。工作态度的主要衡量方式主要有两种，一种是从量出发进行的评价，如出勤率和缺勤率等；一种是从质出发进行的评价，如是否积极主动地进行工作等。

第三，工作能力的评价。工作能力评价是对一个人在工作中体现出的能力进行相应的评价。在一些特殊情况下，由于一些偶然因素的触发，可能促进工作人员在高效并保证质量的情况下完成了任务。在这种情况下，评价这个人的工作能力和工作业绩都能得到公正合理的评价。但是实施绩效评价的目的是为了促进组织的持续发展，单纯用工作的业绩衡量组织成员不利于组织成员的进一步提升和发展。因此，在进行绩效评价时，最好对依据组织成员的工作能力，以期得出有效的评价结果。

第四，工作业绩评价。工作业绩指的是组织成员在工作过程中的行为和实现的最终效果。工作业绩的评价重点因不同岗位和职责的人而有所不同。工作业绩的评价关注点是个人的行为和获得的结果。

二、教师绩效考核

（一）教师绩效考核

教育部从 2009 年开始实施教师绩效考核工资。绩效考核的结果与工资分配挂钩，工资分配坚持多劳多得、优绩优酬的政策。这也是高校人事管理体制改革的重要内容。因为教师工作性质与任课教师、管理岗位人员有所不同，所以制定细则很困难。要想教师绩效考核优化，就要从教师的工作特点出发，根据教师的工作性质制定适合教师的绩效考核。与此同时完善教师的工作责任，是建立教师绩效考核的前提条件，只有体系明确、工作责任明确，绩效考核才会有的放矢。

自中共中央、国务院颁布 16 号文件以来，社会及高校对教师队伍建设越来越重视，对教师管理更趋向科学化、规范化。绩效考核被引入并逐步推广到教师队伍管理中，在工作实践中取得了一定的成绩，但在教师绩效考核实际运行过程中还存在很多问题，还有很多问题需要解决，如该怎样根据教师的工作性质，科学、客观地制定绩效考核标准。另外教师工作分工是制定绩效考核标准的前提，如果教师工作分工不科学、不合理，绩效考核标准就无法制定，两者相互支撑。

（二）教师绩效考核的意义

1. 充分调动教师的工作积极性

教师绩效考核体系的建设工作，对于调动教师的工作积极性具有重要的意义和作用，通过明晰、具体的教师绩效考核评估指标，可以使教师更加主动、积极地研究工作方法，全面落实教育和管理工作，当好学生的人生导师和知心朋友，并在考核指标信息反馈的前提下，更好地激发内在的驱动力，更好地取长补短，激发工作的积极性。

2. 有效保障教师队伍的专业化发展

在教师队伍的专业化建设进程中，包括有思想政治教育团队、心理健康教育团队、职业指导教育团队、学生事务管理团队、党团建设团队等多方面的建设。为了更好地促进这些教师团队的专业化发展，高校要搭建平台、创造机会，以绩效考核为前提和条件，促使教师积极钻研业务知识，更为深入地探索专业知识中的新方法、新路径，形成职业化、专业化的教师队伍。

3. 作为奖罚教师的重要依据和参考

通过对教师的绩效考核，可以科学合理而全面地考评教师的工作情况，对于表现优异的教师根据其实际情况，在职务、职称等晋级、晋升中予以优先考虑，在教师专项进修、培训中予以优先推荐。并根据他们的专业特长，安排教学、论文指导、实习指导等方面的工作，使他们在教师岗位上发挥作用。而对于工作失误、懈怠或重大失职的教师，则要采取一定的惩戒措施直至使其退出教师岗位，以绩效考核的结果作为对教师奖罚的重要依据。

第二节　教师工作绩效的考核

一、教师系统的考核方式

为了实现评价结果的公正性和合理性，在实施教师工作绩效评价的过程中，采用的技术多具有全面性和系统性，比较多见的有 360 度绩效评价法、目标管理评价法、关键绩效指标评价法、平衡计分卡法等。

(一) 360 度绩效评价法

在教师工作绩效评价中，应用 360 度绩效评价法的具体方式是尽可能获得有关教师的全方位信息，以此展开全方位的绩效评价。这些信息主要来自于上级、下属、平级同事、高校内部相关部门教职员工、高校内部学生、教师组织以及个人的评价(见图 6-1) 。

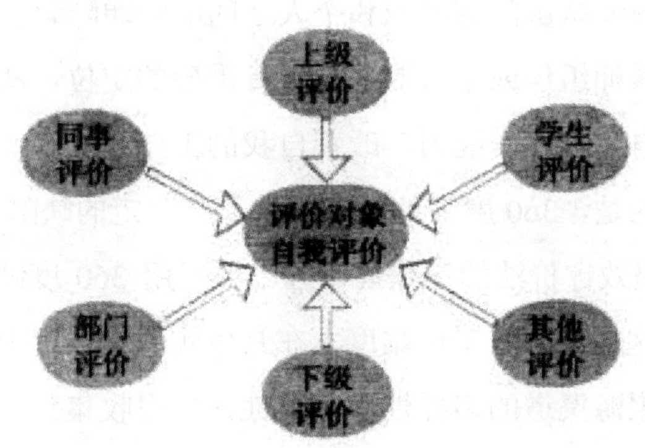

图 6-1　360 度绩效评价图

据相关部门的调查，全球 1 000 多家大型公司中，有半数以上的公司在绩效评价过程中运用的绩效评价方法是 360 度绩效评价法。360 度绩效评价法被广为认可的原因在于：

第一，增强绩效评价的全面性和综合性

传统的由上级评价下级的单一评价方法在存在很大的局限，这在一定程度上导致了光环效应、个人偏见、评价盲点等现象。而 360 度绩效评价法获取绩效评价的渠道具有全面性，这就很大程度上避免了上述问题的出现。这样得出的评价，将会有效地提高教师工作的积极性、对组织的忠诚度，这样不仅更好地提高教师在实际工作中的实施能力，也使得教师对自己工作的满意度上升。

第二，提高绩效评价工作的公正性和合理性。众所周知，除去工作上的事务合作，上级和下级之间沟通的机会不多，在这样的状况下，上级对下级进行绩效评价就会具有一定的困难性。如果教师的绩效评价仅仅来自于上级，这样就在一定上导致了评价结果有失偏颇。而平级同事彼此间的交往较多，彼此之间比较了解，如果来自平级同事之间的评价则具有更大的可行度和可参考性，从而提高绩效评价的公正性和合理性。

第三，能在一定程度上推动绩效评价的发展性。在教师工作绩效评价中合理地运用 360 度绩效评价法，可以更好地推动教师队伍内部各要素之间的联动，并在一定程度上消除教师队伍内部组织和个人之间的沟通障碍。在 360 度绩效评价过程中，更有利于教师组织或个人对自己进行准确的定位，从而参考一定的评价标准，更好地提升自我的工作能力，改善自我的工作态度。

但是需要注意的是，360 度绩效评价法也存在一定的缺陷：

第一，360 度绩效评价法的操作性不强。要运用 360 度绩效评价法，需要有足够的成本支持，这就加大了工作难度。在具体实施的过程中，工作时间跨度较大，并且由于信息来源渠道的多样性和复杂性，使得收集到的信息会存在一定的矛盾，对这些错综复杂的信息进行综合，需要花费大量的人力物力，这样就影响了教师等相关人员参与评价的积极性，使得评价结果达不到理想的程度。

第二，在评价工作进行的过程，存在一定的作弊行为。在日常工作中，一些工作成员由于不能正确处理来自上级和同事的建议和批评，将这些不满情绪带入到评价工作中。评价工作的进行过程成了发泄私人恩怨的场所，使得 360 度绩效评价法具有一定的局限性。

因此，在具体运用 360 度绩效评价法的过程，应当注意以下的三个问题：

第一，在评价工作进行之前，必须获得上级领导的认可。在 360 度绩效评价法的具体实施过程中会牵涉到不同层次的人员和组织，为了保证工作的顺利开展，必须获得领导的支持。

第二，评价工作应该匿名进行。通过科学的研究，专家发现只有在匿名的情况下，一些真实的信息才会得到呈现。因此，为了确保得到公正合理的评价，在进行 360 度绩效评价法的时候，应严格维护填表人的匿名权以及对评价结果报告的保密性。当然，对于一些无法实现匿名的情况可以放宽条件和要求，如上级对下级的评价等。

第三，针对作弊的行为，要开展活动以增强评价的责任意识。为了使评价标准在具体工作中的贯彻实施，应对全体教师进行相关的培训。通过开展这样的活动，可以在较大程度上，增强评价者的责任意识，把评价中的人为因素降到最低，更好地保证评价活动的公正性和合理性。

(二) 目标管理评价法

美国相关专家彼得·德鲁克在《管理实践》首次提出了“目标管理”的概念。目标管理评价法是一种通过确定目标、制订措施、分解目标、落实措施、安排进度、组织实施绩效评价等方法实现发展目标的绩效评价方法。其主要特色在制定相关的规章制度时要从目标出发进行考虑，这样可以有效地调动各方面的积极因素，使每个人在实际工作以积极主动的态度完成自己的目标和计划。

在实施目标管理评价法的过程中，存在反复循环、螺旋上升的现象，这就使得它的基本内容具有周期性的特点。继实现一个目标之后，新的目标随之产生，这样就在更加有效地维持了组织的可持续发展。

应用目标管理评价法的前提是制订不同层次的目标，如最高领导层制定的长期目标，下层组织机构制定的具体工作目标等。在制定目标时，要遵守 SMART 原则，其具体要求如下：

S(special results) ：制定具体的、明确的目标。

M(Measurable) ：用数量和影响度来衡量目标。

A(Accepted) ：目标的最终确定必须具有可接受性。这就要求，目标的设定不能过高也不能过低，过高会降低员工实现的积极性，过低则会降低员工的工作效能。

R(Relevant) ；最终设定的目标应与组织的发展与个人的进步密切相关。

T(Time) ：目标的最终实现应有一定的时间限制。

在教师工作绩效的评价工作中，目标管理法也得到了广泛的应用，其主要特色有：

第一，目标明确。如果目标的设定即明确又具有可操作性，这样就可以更好地调动相关人员的工作积极性。目标的设立使得教师组织的各级人员明确组织的总目标及与个人相关的目标，从而引导其更好地投入到工作中去，以更好地完成工作任务。

第二，效率的高效。在推动教师队伍建设上，目标管理评价法具有一定的积极作用。这是因为目标管理评价的关注点是结果，这种评价模式促使教师组织的各个层面把目标的实现放在首位，并尽力实现目标的完成。当各级目标得到实现完成之时，教师组织的总目标也可得到实现，这样就促进和推动了教师组织的发展。

第三，调控的有效性。目标管理评价法在设定目标时，是通过上级和下级共同商讨制定的，这样就使得各方的利益和需求得到了全面的考虑。这种方式制定的目标，也有利于目标的调控，更好地促进教师组织内部的良性沟通和上下级之间的相互联系，有利于营造和谐的工作环境。同时，组织总目标的制定和实现并不是被动地，在这个过程中，高层通过对结果的监控等手段，及时修改和完善工作中出现的问题。

但是需要注意的是，目标管理评价法也存在一定的缺陷：

第一，过度强调短期目标。与长期目标相比较，短期目标比较具体，在实践过程中比较容易操作，因此大多数目标管理评价中的目标为短期目标，这样就能够在年底加以测评。由于这样的原因，在目标管理评价法的具体实施中，管理者更为偏重短期目标的制定和实施，而对长期目标的关注则较为不足。这样的情况导致了组织成员在一些情况中，试图以长远目标的牺牲来达到短期目标，对组织的可持续发展非常有害。

第二，行为指导的匮乏。对一些教师新人来说，固然有制定好的目标，但由于工作经验的缺乏，并不能通过有效的工作行为以达到目标的实现。针对这样的情况，最好的解决措施是为教师新人提供相应的“行为步骤”，具体指出怎么做才能更好地实现目标。

第三，目标的设定具有一定的困难性。绩效评价的标准应当根据不同的人的情况进行设定。譬如，因工作岗位、工作年限和工作职级的不同，制定的评价标准和工作目标就应当有所不同。为了使同级之间的教师绩效评价具有一定的可参考价值，这样就需要不同职级的教师具有不同的评价标准。但是需要注意的是问题是，如何确定这些不同职级评价标准设置的合理性。如果出现不合理的情况，如何进行相应的调整。

第四，对目标进行商定可能在一定程度上加大对管理成本的投入。在目标管理评价法中，如果对目标进行商定，就需要上下级之间进行相应的沟通以统一认识，这是一项费时费力的工作，并且在目标确定的过程中，由于大家大多关注的是个人目标的实现，容易忽视彼此合作以达到总体目标的完成。

（三）关键绩效指标评价法

关键绩效指标是一种通过某一流程的关键参数进行衡量流程绩效的目标式量化管理指标，其理论基础是二八法则，即某一企业在创造价值的过程中，80%的工作任务是由20%的关键行为完成的，因此把握这20%，就可以掌握总局。简言之，关键绩效指标评价法是一种以战略为导向的绩效管理系统，其原则不同于传统的“有什么凭什么”，而是“要什么评什么”。

在教师工作绩效评价中应用关键绩效指标评价法，指的是在制定教师工作绩效评价指标，根据实际的需要，选取一些与组织目标的实现关系联系得较为紧密的工作内容作为评价指标，这样就使得教师的工作更具有目标性和方向性，也促使了绩效评价对目标实现的最大优化。关键绩效指标评价在不同语境中由不同的含义，下文对此进行分析探讨：

第一，关键绩效指标是一种可以行为化的，以用于绩效评价的指标体系。换个说法也就是，关键绩效评价作为指标体系的一种，必须可以可行为化。如果可行为化的要求不能实现的话，那么此种关键绩效指标就是无效的。

第二，对实现组织战略目标的过程中，起到重要作用的绩效指标被称为关键绩效指标，它在连接个体绩效与组织战略目标、组织内部进行绩效沟通的工作中发挥关键的作用。

在教师工作绩效评价工作中，关键绩效指标评价法的应用较为多见，因此也引起了众多相关学者的研究。何立群先生曾发表论文《HT 大学教师绩效管理体系设计》，在这篇论文中，他就是运用的关键绩效指标评价法对大学教师的绩效进行分析评价。他运用关键绩效指标评价法为 HT 大学教师绩效管理设计了“资助工作关键绩效指标”(见表 6-1) 、“年级工作关键绩效指标”(见表 6-2) 。需要注意的是，关键绩效指标因不同的学校而异。

表 6-1　资助工作关键绩效指标

指标	满分	考查内容	绩效等级		
			优 8～10 分	中 5～7 分	差 4 分以下
任务完成及时性	10 分	各项奖学金评选、贷款材料上交、特困补助申报及时，各项贫困生活动及时			
制度完整性	10 分	奖学金、特困补助等评选制度规范、合理、结合院(系) 特点			
贫困生受助覆盖率	20 分	有多少贫困生获得奖学金以外的资助，覆盖了百分之多少打多少分，乘以 2，如 780%打 14 分			
程序规范性	10 分	程序符合要求			
到期贷款催还率	10 分	催还了百分之多少就打多少分			
贫困生信息完整率	20 分	网上信息完成百分之多少就打多少分，乘以 2，如 78%打 14 分			

表 6-2　年级工作关键绩效指标

指标	满分	考查内容	绩效等级	具体打分
英语四级一次性通过率	10 分	二年级末的英语四级通过是否达到 85%	达到了，10 分	
			没有达到，0 分	
优良学风班比率	20 分	年级优良学风班所占班级数的比例	达到 20%，20 分	
			没有达到 20%，0 分	
与学生谈话完成率	20 分	与年级所有学生谈话完成情况	完成了百分之多少打多少分，乘以 2	
学籍异动情况	10 分	学生因为学习原因发生降级和退学人数	人数为 0，10 分	
			人数为 1，5 分	
			人数达到和超过 2，0 分	
考试舞弊情况	10 分	学生考场舞弊被教务处处分人数	人数为 0，10 分	
			人数为 1，5 分	
			人数达到和超过 2，0 分	
突发事件处理	10 分	及时迅速地处理学生重大突发事件	全部及时迅速处理，10 分	
			没及时迅速处理的事件达到 2 件，5 分	
			没及时迅速处理的达到 4 件及以上，0 分	

和其他绩效评价方法相比，关键绩效指标评价法的优势体现在：

第一，在关键绩效指标评价法中，最为重要的是评价指标。在实施关键绩效指标评价法中，首先要建立二八原则，确定出最为高效的绩效评价的指标，这样有利于教师在工作的过程中对自己的准确定位，以促进工作的高效完成。

第二，关键绩效指标评价法中的评价指标是非静态的，其设定需要参考教师队伍建设的实际情况、管理水平。这就是说，关键绩效指标将随着工作的最终高效完成而失去其原有的价值和意义，而将工作的重点转移到其他未完成的工作中去。除此之外，关键绩效指标体系也要随着上级机构的工作重点和内容的改变而有所改变。通过关键绩效指标体系的制定，实现个人目标和组织目标的高度一致，以实现高效教师工作的良好运行。

关键绩效指标评价法是一种比较适合在实际中运用的绩效评价方法，但在操作的过程中仍然有一些问题需要注意：

第一，不同的教师的工作层面和岗位不同，这样其具体的工作内容也会出现一定的差异性，因此在设定关键绩效指标时，最好分别对待。一般情况下，教师组织的战略目标应交由大学的校级机构的领导进行负责，保证教师队伍正常运作的工作应交由学院学生工作负责人这样的中层领导负责，而一线教师的具体工作内容是负责各项具体指标的实施。

第二，在制定关键绩效指标时，应注意和教师的总体发展目标具有协调性。关键绩效指标一经制定，必须保持其的稳定性，除非在特殊情况下，否则一般不能轻易改动。如果进行改动将影响整个关键绩效指标评价体系的运作。一般情况下，关键绩效指标评价体系应在一年内保持稳定。但也会出现例外，如主管部门或高校在某一阶段工作内容会出现变动，这是关键绩效指标也会出现一定的变化。因此关键绩效指标是阶段性、可变性的统一。在具体实施过程中，应注意关键绩效指标和教师工作发展的紧密结合，避免关键绩效指标和实际工作不对应的情况出现，否则将会出现绩效评价流于形式的问题出现。

第三，在应用关键绩效指标评价法之后，必须进行一定的沟通协调。在绩效评价的发展过程中，其逐渐与奖惩机制挂钩，这样就导致了教师抵触绩效评价的情况出现。这种现象与设置绩效评价的初衷相违背，要想改变现状，就要进行一定的沟通工作。具体做法是，上级要和下级保持密切的沟通，以及时并且合理的方式支持下属在工作过程中出现的失误，从而确保工作的顺利开展。

（四）平衡计分卡评价法

平衡计分卡评价法是 1992 年由复兴国际方案总裁戴维·诺顿(David P. Norton)等人所设计，后在企业管理中逐渐得到普遍应用。在《哈佛商业评论》中，将平衡计分卡看作是走在时代前沿的战略实施工具。其主要特征是，为了完达到战略和绩效的有效结合和协调，将组织的使命战略转化为实际可操作的具体评价指标。目前，在高校中平衡计分卡评价法也得到了广泛地应用。

平衡计分卡技术是建立在组织的战略上的，并以此为基础实现多项衡量方法的有机结合，它的主要内容有财务指标和说明这些财务指标的业务指标。这样就保证了组织在实现财务指标的过程中，也不忽略那么能提高组织核心竞争力的因素，其基本结构图如图 6-2 所示。

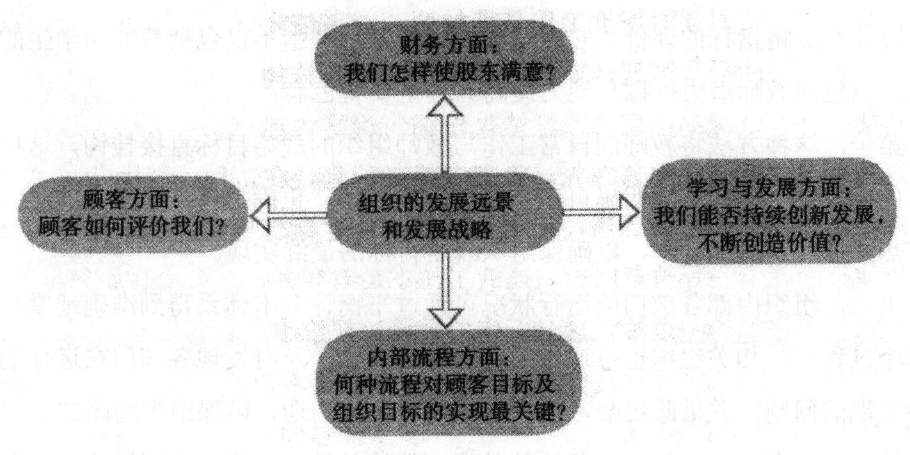

图 6-2　平衡计分卡基本结构图

依据上图的建构，可将教师工作绩效评价中运用平衡计分卡评价法的结构图表现出来，如图 6-3 所示。

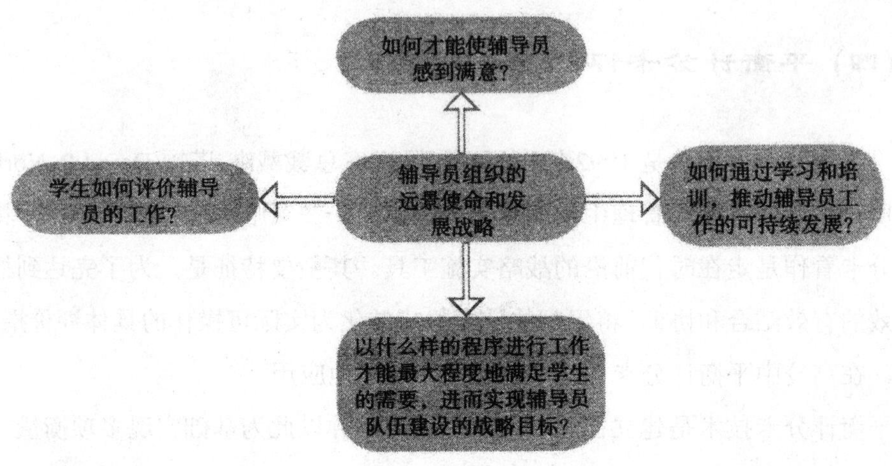

图 6-3　教师工作绩效评价应用平衡计分卡技术的结构图

从教师工作绩效评价应用平衡计分卡技术的结构图可以看出，平衡计分卡是一项综合评价体系，其以教师组织的发展为核心重点，在这个基础上以特定的分析手段展开战略指标的评价。它强调的是综合性，其中不仅包括教师和学生的满意度，也包括教师潜力挖掘与能力提高。其主要特色有：

第一，这种方法将教师的日常工作与教师组织的战略目标直接挂钩，这样在工作的过程中，教师就会明确自己的工作目的所在，正确把握工作的方向感，将工作热情提高到最高水平，以确保组织战略目标的最终实现。

第二，组织内部各部门的运行状况可通过平衡计分卡体系得到准确地掌握。在这个过程中，相关组织也可通过设定指标的方式，及时发现各部门在运作的过程中出现的问题，并借此机会，加强上下属之间的沟通，确保组织的团结。

第三，平衡计分卡技术中关注的是保证战略的核心位置。它通过将战略目标的细分，来提高教师的战略能力，更好地实现组织的战略目标。

平衡计分卡技术自从应用以来，出现了一些值得注意的弊病，下文对此进行相应的分析：

第一，平衡计分卡作为一种绩效评价工具，在运用到营利性组织中不能发挥其应有的效用。因此，我们在具体应用平衡计分卡技术对教师工作绩效进行评价时，不应只从四个角度进行考虑，而应重视平衡的思想，相应地增减评价指标。

第二，在应用平衡计分卡技术时需要从教师的满意度、学生的满意度、教师的内部工作流程和教师的培训等四个方面来考量教师的绩效。因此教师就要从更加广阔的视角出发，关注多个指标以实现持续发展。这种方法的有效实施，有利于合理分配高校的有限资源。

二、教师非系统的考核方式

非系统的绩效评价法包括直接评价式和间接评价式。直接评价式适用于对工作结果进行评价的可见性强的工作，其具有客观性强的优点，但无法准确反映工作的潜能。而间接评价式适用于对工作态度、能力等进行评价的工作，其可准确反映出工作的潜能，客观性却不强。因此在实践过程中，应注意充分考虑把两者进行结合，以实现最佳的考核方式的应用。

（一）书面评价法

书面评价法是本人以书面形式对自身的工作进行评价的考核方式，这种方式在高校中较为常见，比较适用于教师个人的自我评价，但需要注意的是，其评价对象的数量不能过多。

书面评价法要求教师认真公正地总结上一时期在工作中出现的不足和取得的成绩，最终以文字的形式呈现出现，并根据上一时期工作的状况提出相应的改进措施。这种评价方式更适合于评价主体的自我反省和改进，具有一定的积极影响。在实际操作过程中，教师通常需要填写一张自我评价表格(见表6-3)，以这种形式对自己的工作状况进行系统的分析，以改进工作中存在的缺陷和不足。

表 6-3　教师工作自我评价表(样例)

单位		姓名		职务	

工作总结：

_____年_____月_____日

自我评价：

	优秀	良好	一般	较差
工作成果				
工作能力				
工作态度				

工作评价：

_____年_____月_____日　签字_____

备注：

在实际运用过程中，书面评价法也存在一定的局限：其一是教师个人对自我进行全面评价的整个过程比较浪费时间；其二因各人写作技巧和风格的不同，评价结果也会出现相应的影响，出现评价结果和实际情况不相吻合的情况；其三是评价方法偏于主观，这样就导致了评价结果的客观性受到了很大程度的影响。因此，最好在运用书面评价法中结合其他的评价方法进行参考，这样才能在最大限度上提高评价结果的客观性。

(二) 排序评价法

排序评价法是在一定范围内，按照某种评价指标对教师的绩效进行排序的一种评价方法，是绩效评价中比较简单且易行的方法。不同于其他绩效评价方法以分数最终呈现评价结果，排序评价法是通过对比的方式呈现最终的评价结果。这就是说排序评价法关注的比较，而不是具体的分数。排序评价法主要有三种类型。包括简单排序法、交错排序法、强制分布法。简单排序法是按照评价主体的绩效按照从优到差的次序进行排次。交错排序法是选择法的演变类型。强制分布法是一种评价结果分为五个等级：优秀、良好、一般、较差和最差，然后对评价主体进行强制性分类的评价方法。

(三) 配对比较法

配对比较法是一种将评价对象进行配对比较的绩效评价方法，在实际操作过程中，需要按照评价指标将评价对象和其他的评价对象进行对比，然后按照对比的结果，对他们的绩效名次排序。比如在对五名教师运用配对比较法进行工作绩效评价时，需要先制订出一份对比表格(见表 6-4)，在表中需要写出参与评价的教师的姓名和评价的工作指标。然后用“+”(好) “-”(差) 的标注方法表明对老师绩效评价的结果。

当对比工作结束之后，需要对各个教师在每项指标上的比较结果进行简单的相加处理，“+”号越多表示绩效评价结果越好，“-”号越多表明绩效成绩越差。

最后进行综合处理，给出最终的绩效成绩名次。

表 6-4 配对比较法(样例)

工作态度						工作能力					
被评价者姓名						被评价者姓名					
比较对象	王某	张某	李某	刘某	赵某	比较对象	王巢	张某	李某	刘某	赵某
王某		+	+	−	−	王某		−	−	−	−
张某	−		−	−	−	张某	+		−	+	+
李某	−	+		+	−	李某	+	−		−	+
刘某	+	+	−		+	刘某	+	+	+		−
赵某	+	+	+	−		赵某	+	−	−	+	
统计	2+ 2−	4+	2− 2+	3− 1+	3− 1+	统计	4+	3− 1+	3− 1+	2− 2+	2− 2+

配对比较法是通过对每个评价主体进行对比得出的结果，因此得出的成绩更具有参考价值。但由于其操作烦琐，只适合于小范围的绩效评价。如表 6-5 所表明的那样，如果评价对象是 5 人，就需要进行 10 的对比；而当评价对象是 100 人时，相应地需要对比 45 次，比较费时费力。在对多数的教师进行绩效评价时，配对比较法就失去了其优势。另外需要注意的是，配对比较法的最终呈现结果是孰优孰差，而对具体的差距却不能得到具体的反映，因而不能得出关于工作能力和态度的真实情况。

（四）面谈评价法

面谈评价法是绩效评价中最为重要的一种评价方法，它可以运用在教师工作绩效评价的任何环节中。例如，在实际工作中，教师的上级领导应主动按时和教师用面谈的方式进行交流，对教师工作的进度有一个直观清晰的了解，以正确制定下一阶段的目标和任何，更好地指导教师的工作。在此基础上，最好设定合理有效的申诉制度，这样便可以实现上级和下属之间的双向沟通，以更好地解决工作中存在的问题。

面谈评价法不仅可以用于评价教师在日常工作中的绩效，也可应用于对教师的晋升等环节的考核。这一方法的应用主要是为了弥补排序评价法等其他方法的缺陷，更全面地对教师进行评价。为了在更大程度上实现面谈评价法的客观性，一般需要 3～5 人的评价小组与评价主体进行面谈，然后综合评价小组的总体意见给出最后的凭借结果。

面谈评价法发挥自身优势最合理的办法是和其他的评价方法结合起来进行应用，但单独使用面谈评价法也达到理想中的结果。

第三节　教师绩效考核体系的构建

一、教师绩效考核体系构建的原则

在构建教师绩效考核体系时，必须依据一定的原则，这样才能保证成型的绩效考核体系达到预期的效果。具体主要包括：导向性原则，系统性原则，公平、公正、公开原则，有效性原则。

（一）导向性原则

在选择评价内容时需要依据导向性原则，这在确定教师工作的目标方面有着不容忽视的作用。绩效评价指标的设计可以使教师获悉高校对其工作的具体要求，从而指引教师下一阶段工作的努力方向，并及时改正在上一阶段工作中出现的工作失误，调整工作态度懒散等问题，以此为基础确定未来的目标，并制定实现该目标的计划，从而在实现自己的工作目标的基础上，实现高校的战略目标。

（二）系统性原则

系统性原则指的是在进行教师绩效考核时，必须对教师所有工作过程的各个细节和要素进行考量，其主要有四个特点：

第一，全面性。在考核过程中，应保证所有的参考指标和工作过程都被考虑进去，并尽量考虑到与考核主体相关的数量问题和内在规律等。

第二，层次性。在进行教师考核时，需要从宏观的角度出发，对各个考核的项目有一个全面的了解，在此基础上，根据其注重程度设置权重。

第三，协调性。指标体系的各个要素之间，其逻辑关系必须明晰。哪种要素是重点，哪种要素是次重点，哪种要素不重要，必须做出明确的区分。

第四，连贯性。在进行教师绩效考核时，应保证其结果的全面性和合理性，因此学生、教师、上级部门都要参与到绩效评价中来，并要根据不同的绩效考核要求，相应地改变权重水平。

（三）公平、公正、公开原则

在进行教师绩效考核之前和进行的过程中，都需要保证公平、公正、公开原则，这是得到合理有效的考核结果的必要条件。该原则主要体现在两个方面：

第一，标准客观统一。在合理分析教师工作职责后，初步制定出一个较为合理的评价标准。评价标准的制定过程，其实就是组织把对组织成员的期望和要求传达给组织成员的过程。因此，在制定评价标准时，需要保证每一项评价标准对任何一个教师都是公平公正地。

第二，评价结论要得当。在对教师的工作绩效进行评价时，必须严格按照已制定好的评价标准，确保结果的客观性和公正性。

（四）有效性原则

有效性原则主要有三方面的内容，即坚持可行性，坚持实用性，坚持可操作性。

第一，坚持可行性。这指的是指标体系的设定应以降低评价信息的处理时长为主要追求，从而改善绩效评价工作效率低下的弊病。

第二，坚持实用性。评价指标体系应具有客观的内容，简要的评价指标和精确的评价标准。

第三，坚持可操作性。考核程序必须具有合理性，这需要对考核程序进行优化来实现。为了使考核主体对考核评价系统有一个清晰的了解，需要在一定程度上简化绩效考核评价方法，使考核评价活动更易开展。

二、教师绩效考核体系的建立

合理有效的绩效评价体系是绩效评价顺利开展的首要条件，更有利于实现教师工作绩效评价的科学化。本小节主要介绍教师绩效考核体系建立的基本情况。

（一）教师绩效考核体系建立的理论基础

1．马克思主义价值理论

在马克思主义价值理论看来，商品生产者的劳动能否创造社会价值，能创造多大的社会价值，取决于该种劳动在多大程度上能符合社会分工的需要。即决定商品价值是生产商品的社会必要劳动时间。新古典经济学消费者均衡理论进一步将私人劳动转化为社会劳动的条件归结为商品的边际效用必须大于或等于货币的边际效用。也就是说，私人劳动转化为社会劳动的条件是，一种产品能够同时给消费者和生产者带来边际净收益。从马克思主义价值理论层面进行考虑，教师考核体系在协调师生关系的同时，也要兼顾学校的发展和教师劳动关系，必须把教师队伍的建设纳入到整个高等教育发展大局中去。

2. 思想政治教育学理论

在素质结构理论中，把人的内在之物看作是素质本身。此理论将高校思想政治工作人员的素质内容细分为五个方面，即“二要素论”“三要素论”“四要素论”“五要素论”“六要素论”。其中“五要素论”认为教师需要拥有五种基本素质，即政治、思想、文化、能力和身体素质。而“五要素论”认为教师需要拥有六种基本素质，及政治、思想、道德、知识、心理和能力素质。后来“九要素论”综合了以上的观点，认为教师需要具备政治、思想、道德、法律、知识、能力、创新、心理和身体素质。

3. 人力资源管理理论

“为什么评价、评价什么、如何评价、由谁来评价以及评价频率”是人力资源管理理论中首要考虑的问题。人力资源管理理论将教师的绩效考核内容分为德、能、勤、绩四个方面，划分为特征考核、行为考核和结果考核三种类型。在人力资源管理理论中，绩效考核结果是组织成员晋升、晋级和奖惩的重要依据。

目前，从人力资源管理理论出发研究教师的绩效考核成了国内外学者的主要关注点。

(二) 教师绩效考核指标的确定

1. 教师绩效考核指标体系的确立

在确立教师绩效考核指标时，多应用关键绩效指标方法(KPI) 进行分析。在此基础上得出在确立具体的指标体系时，应当主要考虑两方面的内容：

第一，工作结果必须对学校和学生有益。

第二，教师的工作努力对自身的发展有益。在考虑这两方面的基础上，要严格以“政治强、业务精、纪律严、作风正”作为关键依据建立教师考核的指标体系。

2．考核指标体系权重的确定

在确定考核指标体系权重的过程中，多应用层次分析法(AHP) 进行分析和确定指标权重。在具体实施过程中，需要分别对待不同的绩效考核指标体系，严格按照既定程序，即构造层次模型、建立判断矩阵、计算权重向量、一致性检验等来确定各指标因素的权重。只有依据这样的考核方法，才能真正实现绩效考核的公正性和合理性。

（三）教师绩效考核指标体系的具体设计

绩效考核具有一定的层级性，不同层级因发展目标、工作关注点的不同，设计的绩效评价指标也会随之不同。在教师工作绩效评价中，有两个主要的层级：一是基于教师组织的绩效评价；二是基于教师个人的绩效评价。由于评价对象的不同，在具体设计绩效评价指标时，也出现相应的差异。

1．教师组织绩效考核

教师组织的绩效评价体系及评价标准见表 6-5。

表 6-5　教师组织的绩效评价体系及评价标准

一级指标	二级指标	三级指标	指标权重
教师工作的重视程度	指导思想	坚持以马列主义、毛泽东思想与中国特色社会主义理论体系为指导	2
	发展目标	坚持以职业化、专业化为发展目标，各种相关制度健全	2

续表

一级指标	二级指标	三级指标	指标权重
教师工作的重视程度	领导体制	有专职校领导负责	2
		有校学生工作领导小组	2
		实行学校和院(系) 双重领导体制	2
	制度保障	有教师准入机制的相关制度	2
		有教师培养机制的相关制度	2
		有教师管理与考核机制的相关制度	2
		有教师发展机制的相关制度(职务、职称晋升制度等)	2
	政策环境	教师队伍建设有专门的经费保障	2
		教师享有专门的岗位津贴	2
		教师享有专列的职称评定政策	2
		有专门为教师设立的科研经费	2
		为教师承担必要的教学任务提供一定的政策保证	2
教师队伍的长效机制建设	准入机制	公开招聘、严格考核	2
		选聘标准符合教育部相关要求	2
		选聘人员的年龄、专业、职称情况符合教师队伍建设的要求，形成合理的梯队	2
	培养机制	建立多层次多渠道的教师培训体系，要有相应的岗前培训、岗上培训等相关制度	2
		选拔和推荐优秀的教师攻读思想政治教育专业硕士和博士学位	2
		为教师提供国内外进修和提高的机会纳入学校教师培训计划	2
		定期举办教师论坛。搭建教师学习、交流的平台	2
		定期组织教师学习和考察活动	2
	管理机制	有相应的教师工作管理规定，落实工作责任制	2
		对教师工作实行定期考核与评价，并将考评结果与教师的晋升、晋级及其他奖惩挂钩	2

续表

一级指标	二级指标	三级指标	指标权重
教师队伍的长效机制建设	发展机制	有教师队伍建设与发展规划	2
		教师流动方向合理	2
		教师有双线晋升的优惠待遇	2
		岗位配备符合教育部要求	2
教师队伍的基本状况	教师队伍的机构状况	年龄结构合理	3
		学缘结构合理	3
		职称机构合理	3
		专兼职比例合理	3
	教师队伍的基本素质与能力状况	具备教师必备的思想政治素质	2
		具备教师必备的道德素质	2
		具备教师必备的文化素质	2
		具备教师必备的心理素质	2
		具备教师必备的学习能力	2
		具备教师必备的教育引导能力	2
		具备教师必备的组织管理能力	2
		具备教师必备的服务学生能力	2
		具备教师必备的进行网络思想政治教育能力	2
		具备教师必备的从事教学和科研能力	2
	教师队伍的工作状况	工作准备情况(参照表 6-6)	2
		工作过程情况(参照表 6-6)	10
		工作效果情况(参照表 6-6)	10
		加分情况(参照表 6-6)	
		减分情况(参照表 6-6)	
		一票否决情况(参照表 6-6)	

2．教师个人绩效考核

教师个人绩效评价体系及评价标准见表 6-6。

表 6-6 教师个人绩效评价体系及评价标准

一级指标	二级指标	三级指标	指标权重
教师素质与能力要求	思想政治素质	坚定共产主义信念，坚持思想基本原则，自觉拥护党的方针政策	3
		具有科学的世界观和人生观，有强烈的事业心和社会责任感	3
	道德素质	具有为人民服务和助人为乐的高尚品德，具有崇高的教师职业道德	3
	文化素质	准确完整地掌握以马克思主义基本理论和中国特色社会主义理论体系和高等教育的基本理论	3
		掌握思想政治教育的专业理论和专业知识，掌握教育学，心理学的基本理论和基础知识	3
		具有广博的人文社会科学知识	
	心理素质	体魄健全，心胸开阔，乐观向上，意志坚定，具有健康的人格	3
		兴趣爱好广泛，并能将个人的兴趣、爱好和本职工作相结合	3
		具有完善的自我意识、协调的行为特征、较高的自信心和接受现实挑战的勇气	3
	学习能力	具有学习和运用政治理论的能力、不断进行自我更新的能力	3
	教育引导能力	具有组织教育能力、观察分析能力、疏导说理的能力、人际关系的协调能力	3
	组织管理能力	具有领导管理能力、统筹规划能力、科学决策能力、表达能力、归纳总结能力	3
	服务学生能力	具有开展心理健康教育的知识与能力、指导学生学习和选择专业及课程的能力、指导毕业生就业及生涯规划的能力	3
	应对突发事件和复杂局面能力	要有应对突发事件和复杂局面的预案，具有审时度势、灵活反应、当机立断的能力	3

续表

一级指标	二级指标	三级指标	指标权重
教师素质与能力要求	从事网络思想政治教育能力	能够利用 BLOG、QQ、MSN 等网络平台开展思想政治教育活动	3
	教学与科研能力	具有从事教学的能力，承担一定的思想政治理论课与人文素质教育课程；具有调查研究的能力和科学研究的能力	3
教师工作要求与工作职责效果	工作准备	教育观念先进，强调学生的主体性、能动性，能激发学生学习的自主性	3
		工作资料收集全面，准确，启发学生效果好	3
		教育目标明确、集规范性、前瞻性、发展性于一体	3
		工作计划明确，教育活动设计合理	3
	工作过程	思想政治教育内容具有系统性、前沿性、新颖性，体现教育性、管理性、服务性和辅导性	3
		工作进程注重循序渐进和连续性，工作有条不紊	
		工作方法实用、灵活，教育学生能采用启发式、参与式、讨论式等方法	3
		能运用先进的教育科技手段，根据学生的个性特点，因材施教	3
		师生关系融洽，工作气氛活跃，学生普遍响应，活动参与积极性高；能与领导、同事和睦共处	3
	工作成果	通过课堂教学、校园文化等多渠道、多形式做好大学生日常思想政治教育；重视大学生党团活动开展，帮助大学生树立正确的世界观、人生观、价值观	5
		了解和掌握大学生思想政治状况；引导学生积极开展和参加校园文化活动；积极开展就业指导和服务工作；从学生的具体事务入手，抓学生的行为养成教育；维护学生正常的学习秩序、生活秩序、活动秩序	5
		建立健全学风建设的规章制度，经常开展有利于学风建设的活动，开展优良学风班、“三无”(无降级、无退学、无考试违纪) 班级创建	5

续表

一级指标	二级指标	三级指标	指标权重
教师工作要求与工作职责效果	工作成果	指导学生会、社团联合会、学生党支部、团支部、班委会以及其他学生组织的建设；抓好大学生入党工作，引导学生自我教育、自我管理、自我服务	5
		抓好特困生和其他弱势学生群体工作；抓好学习困难生工作；抓好违纪生的工作；对有心理障碍和疾患的学生要进行心理健康教育，积极进行心理疏导和咨询服务	5
附加项目	加分项目	所指导的学生获国家奖励的每人次加 5 分，获省部(市) 奖励的每人次加 2 分；集体获国家奖励的加 10 分，获省部(市) 奖励的加 5 分	最高不超过十分
	加分项目	个人获奖励按国家、省部(市) 、学校等级，分别加 10 分、5 分、3 分 主持国家级、省部(市) 级、学校级科研项目，分别加 10 分、5 分、2 分 以第一作者在期刊上发表学生工作论文的，核心期刊加 5 分，一般期刊加 3 分，论文集加 2 分 出版专著加 10 分；参编著作 10 万字、5 万字、2 万字以上的，分别加 10 分、5 分、2 分 为学校发展和学生工作做出突出贡献加 5 分 特色工作亮点突出，在校内外产生较大影响加 5 分 特色活动、创造性活动每项在学年考核总分中加 2 分	最高不超过 10 分
	减分项目	开除学籍处分每人减 3 分 留校察看处分每人次减 2 分 记过以下(含记过) 每人次减 1 分 有教师自行发现并积极处理的情况除外	1～3
		发生学生安全责任事故的，在学年考核总分中酌情减分 出现重大责任事故，取消当年度评优的资格	1～3
	政治问题	在事关政治原则、政治立场和政治方向等问题上不能与党中央保持一致	一票否决

续表

一级指标	二级指标	三级指标	指标权重
附加项目	道德问题	违反党纪国法，违反岗位职业道德，造成严重影响，受到校级以上通报批评	一票否决
	纪律问题	违反校规校纪，一学年内未经请假无故缺勤或请假未准缺勤达 15 天以上；受到 2 次以上校通报批评的	一票否决
	责任事故	在学生非正常死亡、火灾、严重打架斗殴或严重群体事件中因工作不到位或失职而负主要责任的	一票否决
	学生满意度	学生民主测验满意度 60%以下	一票否决

第七章　义务教育阶段教师教育转型的个案研究：以广西南宁市为例

第一节　广西南宁市教师教育转型发展的成果回溯

一、广西南宁市现行教师教育模式

（一）独立设置的定向型体系

当前，我国师范学院中，对教师教育的培养，采用定向型师范教育的城市较少，广西南宁市就是其中的一个。对实行师范教育的教学培养计划中，广西南宁市选择采用定向模型的原因，主要有以下几个。

1．采用独立设置的定向型教育模式

在对广西南宁市的教师模式进行整体的研究后，我们可以发现以下几种教育现象。广西南宁市在刚开始创办师范教育的时候，是将该项教育融入了其他的院校之中，并不是独立进行设置的。但是这种教师教育模式维持的实践并不长，只有六七年的时间，在此之后，广西南宁的师范教育就开始采用独立设置的模式。广西南宁市正式开始将师范教育采用独立设置定向型的师范教育模式的标志是，

1904 年先后颁布了《奏定学堂章程》和《癸卯学制》。尊师重道是中华民族的传统美德，师范院校采用独立设置的模式，可以将尊师重道的思想深刻融入师范生的内心之中，将其作为未来职业的信仰，帮助学生尽快进入到教师的职业中，并经过不断地强化，使其他们在内心中产生对教师职业的敬仰，期待教师职业的成功法，坚信教师职业所带来的社会价值，帮助师范毕业生实现其身份的人生价值。广西南宁市在对本市的师范教育进行改革的过程中，始终想要在全市内推行独立设置的定向行模式，在推行的过程中遭遇了一定的苦难，但该种师范教育模式始终是广西南宁市所坚持的。广西南宁市在推行定向型教育模式之后，对整个城市的教育发展都起到了重大的推动作用，尤其是对于基础及爱与的普及更是起到了令人振奋的成绩。

从当前广西南宁市的整个教育环境来看，大多数的教师都是来源于师范学院，其中小学和初中教师占到了 90%，高中教师则占到了 80%。从广西南宁市教育事业的总体发展形势上来看，师范学院教育仍然会将定向培养模式作为主体。

2. 独立设置的定向型师范教育模式

当前，从全国师范教育的总体发展情况来看，很多城市都开始将师范学院进行改革，将以往的定向型培养模式转为非定向型培养模式，这些城市都已经全面推行了义务教育，并且以往师资之间的供求矛盾也得到了很好的解决，提高各自的师资力量才是当前这些城市需要解决的重点问题。广西南宁市教育情况的特殊性表现在，其内部的中小学教育模式极为庞大，是中国之最，因此其对中小学教师的需求量也是最大的。

九年制义务教育是国家提出来的教育政策，但是广西南宁市还没有在全市范围内进行普及，因此本市内的中小学校，仍需要大量的老师。从教师的质量上来看，这就使得广西南宁市师资的供求矛盾更为严重。从当前青年的择业倾向上来看，选择进入教师职业的青年并不是很多，教师职业在整个社会中的吸引力已经在逐渐丧失。我国人口数量庞大，需要接受基础教育的人口数量众多，因此想要保证这些青少年受教育的平等权利，就需要建立一个系统的师范学院教师培养体系，以此来为如此庞大的基础教育提供高质量的师资来源。广西南宁市的教师，无论是社会地位还是工资待遇，水平都不高。因此想要满足庞大的基础教育对师资的要求，就必须要采取定向型的教师教育培养方式。从广西南宁市的发展现状来看，如果忽视自身的情况，盲目向其他城市学习，取消内部师范学院独立设置政策，将综合性大学作为培养师资力量的主要方式，建立开放式的师范教育模式，是完全行不通的。

(二) 职前教师培养和职后培训任务分工明确

南宁所实行的师范教育模式，主要有两部分内容组成。一部分是职前培训，另一部分是在职培训。这两个教师培训阶段都设置有相应的学习目标，承担着不同的培训任务。

南宁的所设置的师范学院，通常是对师范生进行职前培养的主要场所。这些师范学院还可以分为不同的种类，包括各类师范学校、师范专科学校、师范学院和师范大学等。师范生通过在这些师范学院中的学习，可以掌握扎实的专业理论知识，同时还可以解除到最新的教学方法和实效教学手段。师范学院设置课程的目的是，为教育的发展培养高质量的教师。学院的学生主要是那些还没有职业经历的青年学生，或是那些尚未成熟的青年人；师范学院的教学目标，是要帮助学生掌握与教师相关的专业知识，以及现代教育技能，为以后学生进入教师岗位打下坚实的基础；从师范学院的教学方式上来看，其教学形式较为单一，通常在设定某一教学计划之后，在未来很长时间内都不会进行修改，在后期的教师教育课程中会一直沿用；从师范学院培养优秀教师的教学周期上来看，具有一次性特征。

对教师进行的在职培训，实际上属于继续教育的范畴。从培养目标上来看，是根据时代的变化，对教师的专业知识和教学技能进行更新，以满足时代的需求，甚至有的培训还以提高教师的学历为目标，提高教师的质量；成年人和在职工作人员是在职培训的主要对象，通常这些人在原来有经历或是接触过某种教育机构，并在其中担任教师的职能；从教师在职培训的办学形式上来看，具有领过多样性，在社会中一些组织会设置一些正式的或是非正式的教师在职培训机构，以满足在职教师提升职业素养的要求；从教师在职培训的学习形式上来看，教师有的是进行脱产学习，有的则是进行半脱产学习，甚至有的教师还会通过网络教学的形式来接受在职培训；教师在职培训与职前培训在办学周期上也存在很大的不同，在职培训通常具有终身性和连续性的特点。

（三）中等和高等师范教育层次分明

对于师范教育来说，其有着相对固定的任务，即为未来社会教育的发展，培养高质量的教师人才。由于教育具有层次性，因此不可避免的，师范教育也具有了该项特点，这样才能针对不同种类，不同层级的学校，培养出适应他们需求的优秀师资人才。从全世界各个国家师范教育发展的历程来看，在本国的义务教育普及职前，通常都会采用两级并举的形式来开展国内的师范教育。随着时代的向前发展，以及世界政治、经济、文化、人口等方面的因素不断发生变化，人们对于教育有了强烈的需求，义务教育随之开始普及。在第二次世界大战之后，以美国为代表的西方发达国家，开始将以往师范教育中实行的两级并举的模式开始向单一层次的模式转变，也就是说，国家原本将中小学教师的培训任务交给了中等和高等两类师范学院，但是在改革之后，培养中小学教师的职责则由高等师范学院独自承担。

针对教师教育发展模式的变革，大多数的国家都逐渐开始向开放性和多元性的方向转变，中国在看到西方对教师教育改革所获得的成果之后，也开始思考将中国的教师教育向开放型方向进行转变，并逐渐实行教师职前职后培训的一体化。

因此，基于世界师范教育模式的开放性、多元化的趋势，中国政府也提出了向开放型过渡、职前职后一体化的思路。1999 年《中共中央、国务院关于深化教育改革全面推进素质教育的决定》提出：“鼓励综合性高等学校和非师范类高等学校参与培养、培训中小学教师的工作，探索在有条件的综合性高等学校中试办师范学院。"[1]2001 年的《国务院关于基础教育改革与发展的决定》做出决断："完善以现有师范院校为主体、其他高等学校共同参与、培训相衔接的开放的教师教育体系。"[2]

两级并举是南宁师范教育的主要实施模式，指的是南宁对优秀教师的培养主要是通过中等师范教育和高等师范教育两个方面来进行的。针对性质不同的师范教育，会分别采用职前培养和职后培训的形式来进行教师教育。幼儿师范学校和普通师范学校是南宁进行中等师范教育的机构，实施的是 3~4 年的学制，并且开放对初中毕业生的招生，允许他们进入学校接受师范教育。实际上，承担南宁主要教育培养主力的是高等教育部门，其培养出来的教师主要服务于中等学校和高等教育学校。

从中国教育发展的总体形式上来看，对教师教育的转型已经是必然，但是想要改革成功，需要一定的条件作为基础。虽然当前我国经济的发展较为迅速，但是从总体状况上来看，我国仍处于社会主义初级阶段，因此对教师实行完全开放式的模式还有很长的路要走，不能照搬其他国家的教师教育改革模式，一蹴而就。从未来我国发展的总体趋势上来看，通过高等师范学院来对教师进行培养，仍然是未来教育的发展重点。

二、广西南宁市教师教育转型发展模式构建策略

（一）树立教师教育理念

对教师的培养和培训统称为教师教育。未来我国的教师教育，应当将终身及教育的思想融入其中，在对教师的不同成长阶段，分别在教师的职前和职后制定

[1]中共中央、国务院关于深化教育改革全面推进素质教育的决定[D]．1999．

[2]国务院关于基础教育改革与发展的决定[D]．2001．

专业的培训方案。当前在广西南宁市，已经基本实现了师范教育与教师继续教育的统一，二者相互促进，实现教师的终身学习，满足时代的需求。具体来说，广西南宁市的教师教育具有以下几个特征："教师资格制度代替师范定向招生、定向分配制度；教师教育的学历层次明显提高；师范院校从单一型向综合型发展；教师专业化和教师教育工作者的专业化成为教师教育的依据和向导。教师教育成为一个专门的研究领域和学术领域。教师教育与所有学科一样逐渐建立起自己的学术规范和学术标准；教师发展终身化和教师教育一体化。"[3]

教师教育比师范教育更为完善，"在内容上包括文理科的一般教育、所教学科领域的学科专门教育和学校情境的教学实践；从顺序来看有职前培养、入门适应和在职培训；从形式上来看有正规的职前学校教师教育和非正规的校本教师教育；从层次上来看，有中师、专科、本科和研究生教育。"[4]

从一定程度上可以说，教师教育是正规教育与非正规教育的结合，将教师的职前教育与职后教育有机地结合在了一起，是对教师进行终身教育的一种教师教育机制。因此，在对教师教育模式进行改革的过程中，必须要抛弃以往对师范教育的固有观念，在新时代下要通过新的理念来看到师范教育，赋予师范教育新的社会职能。以往人们的观念中，总是认为教师职业具有一定的替代性，这种观点是极其错误的，现代教师职业是一个专门的职业，其所具有的专业性和科学性是其他的职业所无法替代的。当前，在国际教师专业化背景下，在国内树立起教师教育理念是教育发展的总体趋势。

（二）完善教师教育制度

当前对教师教育改革的模式一直在倾向于向开放性的模式发展，并且教师的地位和薪资水平也在逐年提高，这就导致教师职业在社会中产生了较大的吸引力，

[3]教育大辞典编纂委员会．教育大辞典[M]．上海：上海教育出版社，1991．

[4]袁运开．简明中小学教育辞典[M]．上海：华东师大出版社，2000．

很多的优秀青年都倾向于进入教师行业。在这种情况下，教育部门就必须要对教师的质量进行严格的把关，建立教师素质和质量标准，制定相应的措施，对教育制度进行完善，实现教师职业专业化的发展，帮助个人价值的实现。所谓的教师制度主要指的是，教师资格证书制度、教师教育机构认证制度和教师教育课程鉴定制度等。

1．教师资格证书制度

想要实现教师教育以及教师的专业化发展，就必须要严格实行教师资格证制度。从西方国家教育发展的进程来看，实行教师资格证制度，对教师专业化发展的实现，起到了重要的推动作用。并且，通过实行教师资格证书制度，还有利于优化教师质量，择优录取。在美国，对教师资格证书进行了四个不同的分级，第一级是初任教师证书；第二级是专业教师证书；第三极是长期或终身专业教师证书；第四级是临时教师证书。这在美国的《明日之教师》中都有明确的记录。

南宁先后颁布了《教师法》和《教师资格条例》，其对教师资格制度进行了严格的规定。从南宁对教师资格证制度的总体实施状况来看，其对脚趾资格证的认定仍然存在一定的漏洞，没有对审查的程序进行严格的规定，所指定的教师资格证制度在实际实行的过程中，会遇到多种问题。南宁所指定的教师资格证制度，所存在的一个重要缺陷就是，没有对限制证件的有效期限，这实际上也就表明，教师资格证是实行的是终身制，这对提高教师的专业化水平和授课能力是极为不利的。

2001 年 9 月，南宁的教委开始对教师资格证的认定进行严格的审查，在总结以往教师教育模式改革获得成果的基础上，又对教师资格证的完善进行了新的探索：“在教师思想品德和教学实践能力鉴定上，尝试把中学高级教师职务的评审权下放到各县区，以加强对教师教学实践能力的考察和对师风、师德一票否决；探索建立‘见习教师证’和‘教师资格证’两证制度，严把教师入口关；建议实施统一的教师资格考试制度；探索实行教师资格证书有效期制度，包括教师资格制度、聘用制度、考核制度、分配制度、奖惩制度、人事争议协调制度和法律援助制度，全面实施教师资格制度，重视师德和能力考核，建设一支身正学高、结构合理、具有进取精神的教师队伍。”[5]

在新形势下，广西南宁市教师资格证书制度的修正与完善应遵循以下原则：“第一，广西南宁市的教师资格证书制度要体现专业性。合格的教师不仅要具有基础学科和专业学科的知识，还要具有教育学科的知识，并不是说掌握了某一专业的知识就可以充任教师。教师资格证书制度的功能，一方面能使教师资格、水准及品质得以维持与保证，另一方面则有利于专业地位的建立，使之提升到法律的地位。第二，广西南宁市的教师资格证书制度还要体现多样性、发展性、开放性。任何一所大学(无论是师范类还是非师范类) 的毕业生，只要修完了所规定的课程(含实习课程) 并获得了相应学分，都有参加教师资格考试的资格，合格者都可以平等地获得教师资格证书。”[6]

2．教师教育课程认定制度

为了全面提高教学学科课程和教学质量，南宁市对教师教育课程制定进行了新的探索。制定了严格的认定程序，以此来实现对课程结构、教材和教学安排的认定，这样对于全面提高教师的质量起到了重要的作用。南宁教育机构，会定期对教师教育课程进行认定，这样才能确保教育学科课程和内容能够符合时代的发展要求。

通过对教师教育课程进行严格的程序认定，可以统一全国的教师培养保准，实现极爱是培养模式的多元化。应当明确的是，教师教育制度包含多个方面，教师教育课程认定只是其中的一个方面。可以对教育教育资格进行认定的机构，是南宁对教师教育课程进行质量鉴定的重点对象，其主要是对教育教育的各个方面，是否达到了相应标准进行评价和鉴定，包括教师教育课程的基本领域、教育技能领域、教育实践领域、教育管理领域等所开设的课程构成等。

---

[5]教育大辞典编纂委员会．教育大辞典(第一、二卷) [M]．上海：上海教育出版社，1991．

[6]袁运开．简明中小学教育辞典[M]．上海：华东师大出版社，2000．

3. 教师教育机构资质认证制度

为更好地推行教师教育机构认证、教师教育课程认证制度，广西南宁市需要组建专门的教师教育认证机构，以组织与协调全市各级各类教师教育机构认证、课程认证的实施。教师教育机构认定制度最为发达的是美国。美国有州一级的和地区性的教师教育机构认定，也有全国性的教师教育机构认定，如美国的教师教育认可委员会，负责制定全国统一的教师教育认可标准；检查教师教育的课程和教学计划，认可和鉴定教师教育机构，改进教师教育计划，提高教师教育机构的专业化水平；传递信息，促进教师在各州之间的流动；激励学校之间的竞争[7]。

(三) 调整课程专业标准

1999 年，广西南宁市高等教师教育院校根据教育部的文件精神做出了教学计划的修订工作。教学计划的修订在一定程度上改变了原来的课程体系，使得广西南宁市高师课程体系有了较大的进步，但是总体上仍然不能令人满意。普遍认为：广西南宁市教育专业课程比重过小而学科专业课程比重大，使得师范生后劲不足。为了提高课程与人的效益，增强课程的整体功能，广西南宁市必须建立教师教育课程标准，改变“刚性”的课程管理体制，增强课程设置的灵活性，优化课程的组合，实现课程的调整。

1. 整合专业课程内容

一般说来，教师的知识结构应当由素养性知识、通识性知识、本体性知识、条件性知识、行为性知识、实践性知识等几方面组成。与此相适应，广西南宁市教师教育课程也应当由教师修养课程、文化通识课程、学科知识课程、教育理论课程、技能技术课程、实践训练课程等几方面的课程所组成。

(1) 整合广西南宁市学科专业课程与教育专业课程，打破学科界限，注重课

---

[7]高敏．韩国的教师教育及中韩教师教育比较研究[D]．扬州：扬州大学，2007.

程之间的有机联系，沟通课程之间的关系，并将一些学科专业课程调和统一于实际的教学情境，使学科充分应用于教育专业知识的研究。

(2) 加强广西南宁市综合课程，开设一定数量的交叉课程、广域课程、融合课程，探索多样化、系列化的研究型课程。

2．加大教育课程比重

加大教育学科课程的比例，这是广西南宁市教师职业特殊性的集中体现直接决定了广西南宁市教师的专业化水准，应使之达到总学时的 20%~35%的通行标准。在教育学科课程设置方面，各国教师教育类课程门类多，一般都有十几门甚至几十门，在整个课程体系中所占比例较大。如美国教育类课程涉及范围非常广泛，仅就其中的教育方法与技能类而言，就包括教育心理学、发展心理学、教育评价与测量、教材教法、普通教法、教育技术等 8 个方面。日本的教职课程达 43 门之多。韩国教师教育课程更像我国师范院校教育系的课程设置，四年中必修与选修课程多达 32 门[8]。

教育类课程在整个教师教育课程体系的学时比例，根据国际劳工组织和联合国教科文组织对 70 个国家教师教育的调查，各国教育类课程一般占总学时的 20%～40%左右。美国本科水平的教师培养中教育类课程约占整个课时的 20%；英国无论是“4+0”模式，还是“3+1”模式，教育专业课程均占总学时的 25%；日本教育类课程占 38%[9]。广西南宁市应该借鉴国外成功的经验，适当地增加课程门类。除了师范院校现在普遍开设的教育学、心理学课程外，广西南宁市还应当增设学科教育学、班主任工作学等必修的教育课程。

3．强化实践性课程

教育是一门注重实践的科学，教师职业教育生动的体现着教育学的规律。在

---

[8]袁运开．简明中小学教育辞典[M]．上海：华东师大出版社，2000．

[9]高敏．韩国的教师教育及中韩教师教育比较研究[D]．扬州：扬州大学，2007．

师范教学中，要充分吸收和借鉴先进的教学理念与教学经验，对它们进行创新与改造，变成适合师范教育适用的教育规律。广西南宁市在发展师范教育过程当中，充分尊重广西经济发展与文化发展的基本情况，坚持实事求是的思想，不断提升当地教师的职业水平与专业能力，为教师职业生涯的发展提供保障。根据国际劳工组织和联合国教科文组织对 70 个国家的调查，教育实践类一般占总课时的 15%。广西南宁市教育实践课的设置，一是时间较长；二是方式灵活多样。提高实践能力培养目标是课程建构的纽带，但是教育教学实践(含教育调查、见习、实习等) 却是广西南宁市教师职前培养阶段的一大薄弱环节。英国“3+1”教师模式中，教育实践共计 24 周，师范生有大量时间置身于中小学，通过见习、听课、备课、上课、参加实习学校的教研活动、担任班主任、组织课外活动、开家长会等，接触学生，了解学校，使学生获得实际经验和生活体验。同时也要求实习生必须先后到两所不同类型的学校实习，培养师范生在面对有不同文化背景、能力、兴趣、需求的学生时的应变能力。[10]从世界各国教育是多样化、规范化的特点看，广西南宁市应一方面改革见习与实习制度，延长实践的时间，周左右的教育实习为一学期左右，并分散贯穿于广西南宁市师范教育的整个周期之中，变集中实习为分散实习，使师范生在不断与实践的接触中习得课堂教学技巧，形成教学实践能力等；另一方面要创建适合广西南宁市的教育实习模式，如可以创建实习基地、创建教师专业发展学校等，也可以采用“师生轮训”的方式，加强广西南宁市师范生与在职教师的沟通和交流，建立互换制，师范生到中小学实习教育教学技能，在职教师回到高校更新知识和理念。同时也有必要加强广西南宁市其他方面的教育实践课程。为了培养未来教师的能力与个性，更好地适应以后的教育工作，广西南宁市高等师范院校在增加教育实践学时的同时，也需要拓展教育实践的内容，如增加社会调查，社会文化活动等。

总之，广西南宁市在调整教师教育课程标准时，需要考虑教师和教师教育专

---

[10]袁运开．简明中小学教育辞典[M]．上海：华东师大出版社，2000．

业的边际或双专业性质，把普通文化知识课程、学科专业课程、教育学科课程、教育技能课程以及教育实践课程合理地结合起来，根据不同层次的培养目标确定各类课程的结构以及所占的比重，并逐步把定向性课程模式转变为开放式的模式，为广西南宁市基础教育和职业教育培养出高质量的合格教师。

第二节　广西南宁市教师教育转型模式及其特色

一、广西南宁市新型教师教育的模式

从南宁市师范教育发展的状况上来看，在高等教育逐渐普及以及终身教理念逐渐被人们所接受的过程当中，师范教育的发展迎来了一个很好的发展机遇，南宁师范教育已经从盲目追求数量开始向追求质量转变，师范教育发展的品质有了很大的变化。南宁市师范教育的这种转型代表着师范教育的发展进入了一个新的时期，教育追求发生了根本性的变化。美国师范教育这种转变的出现是在 20 世纪 60 年代，定向教育逐渐被非定向的多样化教育取代，法国、德国、日本等过国家也曾出现过类似的师范教育转型，由此可见师范教育的这种转变是教育发展到一定阶段的必然产物。

（一）开放多元的师资培养模式

中共中央、国务院在《关于深化教育改革全面推进素质教育的决定》中提出：“鼓励综合性高等学校和非师范类高等学校参与培养、培训中小学教师的工作，探索在有条件的综合性高等学校重视办师范学院。”这一文件对南宁市师范教育的发展具有重要的意义，它打破了传统师范教育的封闭性，使师范教育朝着多元化、

开放化的方向发展。广西南宁市之前的师范教育大多处于相对独立的状态，课程设置、教师的培养相对松散，属于定向型单一培养。在《关于深化教育改革全面推进素质教育的决定》文件的影响下，更多的师范教育要素参与到整个教师人才培养体系当中，师范教育迈出了现代化的重要一步。

开放性是现代教育的基本特征，师范教育作为教育体系的一个子系统，也要顺应现代教育发展的潮流与趋势。美国的教师培养与教育体系的开放性早在 20 世纪 70 年代就已经成型，有很多值得我们借鉴的方法与经验。罗伯特.E.佛罗登教授指出："美国大约有 1300 所大学和学院有资格从事教师的培养，各个大学之间有良好的合作，教育资源以及教学经验的共享使得美国师范教育处于一个动态、开放、多元的状态。"[11]日本作为亚洲的发达国家，其教育制度与中国有很多想通的地方，很多有益的经验值得我们借鉴。日本艾知教育大学川上昭吾教授在《日本教师教育走向及问题》发言中指出；"日本教师教育是一个开放性的系统。这种开放性的教师教育不仅表现为教育大学或大学教育系开展教师培养工作，而且以文、理为主的大学或系科也开展教师培养工作。"[12]

广西南宁市在国家教育改革战略实施的过程中，对师范教育进行了相应的改造，权力对师范教育进行现代化的改造。在我国《面向二十一世纪教育振兴计划》要求的指引下，广西南京教育行政部门与政府联合对师范教育的发展进行引导，鼓励各级政府机关公务员深入到中小学校园了解当前义务教育的真实状况，并组织有教育意向的人员到中小学任教。1999 年国务院颁布《关于深化教育改革全面推进素质教育的决定》,《关于深化教育改革全面推进素质教育的决定》明确提出："注意吸收企业优秀工程技术和管理人员到职业学校任教，加快建设兼有教师资格和其他专业技术职务的双师型教师队伍。中小学根据学校编制聘用教师，可面向社会公开招聘，经县以上教育行政部门审批；高等学

[11]教育大辞典编纂委员会．教育大辞典(第一卷) (第二卷) [M]．上海：上海教育出版社，1991．

[12]教育大辞典编纂委员会．教育大辞典(第一卷) (第二卷) [M]．上海：上海教育出版社，1991．

校依法自主聘任教师，吸引优秀人才从教。”这使得教师教育的开放性得到很好的保证。在这个文件的影响下，南宁市鼓励具有其他从业资质的优秀工程技术人员参与教师从业资格考试，并聘用他们到中小学任教，大力推进双师型教育队伍建设。2001 年 5 月颁布的《国务院关于基础教育改革与发展的决定》强调：“高中教师的补充，在录用师范院校毕业生任教的同时，注意吸收具有教师资格的其他高等院校的毕业生。”这一规定拓宽对高中教师的来源，使更多具有教师从业资格、从业能力的综合性人才加入教师队伍当中，极大地壮大了教师队伍的发展。

广西省南宁市教师教育格局的多元化主要是指通过对师范学校以及师范专业的学科改造实现的。在教师资格与教师能力的培养上，南宁市高校根据广西地区的特点以及当前具备的师资力量进行了科学的引导，充分发挥了地方高校在培养地方应用型人才当中的作用。在师范教育改革的过程当中，一些教学资源丰富，师资力量强的南宁市师范教育学校，充分发挥自身的优势和教育特色，考虑与分析广西当地对教师教育素养的需求，对教学内容和教学目标进行了一定的调整，培养了一批对广西教育体系适应性很强的教师。比如广西民族大学和广西中医药大学都提出了进行教育改革与学校转型的发展规划，未来这两所学校将朝着综合性、研究性大学转变，为广西的经济发展与科技进步贡献自己的力量。广西师范大学作为广西壮族自治区师范教育的排头兵，也要向这两所学校学习充分认清示范教育的发展形势，利用其他高校转型的机会充分吸收与利用其优势教育资源，结合广西经济与社会发展的需求树立创一流、有特色的师范教育学校。一般来说，高校既可以成为教师培育的基地，也可以成为促进教育质量提高的科研基地，师范学校要充分发挥自己的优势，综合化发展之路。

（二）高学历、多层次的教师教育模式

我国师范教育虽然起步很早，但由于各种因素的影响发展并不顺利，与世界

发达国家相比，我国中小学教师的学历水平偏低，教师的综合素质还有很大的差距。广西作为西部省份，经济发展基础较差，教师学历起点与综合素质与全国平局水平尚有差距，与国际上的其他教育发达地区相比存在的差距更大。根据教育委员会编纂的《教育大辞典》的统计："1976年，美国中小学教师中，62%的拥有学士学位，37%的拥有硕士学位；1986 年，48%的拥有学士学位，51%的拥有硕士学位；1996年，42%的拥有学士学位，55%的拥有硕士学位[13]。我国人口众多，教育需求庞大，为了满足巨大的教育缺口，我国在全面普及九年义务教育的过程中吸收了大量学历水平较低的教师来维持我国庞大的教育体系的运转，根据我国教育部的统计："截止到 2015 年，977.89 万小学教师具有大专以上学历的只有45.7%万，其中初中教师中获得大学本科以上学历的只有 19.74%，高中教师中研究生学历者占 1.2%"[14]。从中可以看出我国教师队伍水平与发达国家之差距，为此国家提出了大量发展师范教育，提升教师队伍整体质量的发展方案。在国家不断调整教育政策，促进教师队伍建设的过程中，南宁市也要充分结合自身的特点，紧跟国家教育发展与改革的步伐，建立现代化的示范教育、教学体系，大力改善师范教育的发展水平。

1. 提高教师教育的培养和办学层次，有步骤、分阶段、分区规划

教师教育层次结构的优化是通过两个阶段实现的：第一个阶段是在经济和教育基础相对发达的地区进行教育改革，将师范教育由三级变为两级，取消中等师范教育在师范教育体育中的作用；第二个阶段，是中师、高专、高本等师范教育机制逐步取消，将师范教育的规格提升到高等教育的专科教育、本科教育以及研究生教育。2002 年广西南宁市教师教育工作会议也明确提出："中小学新教师培养要有计划、有步骤、多渠道地纳入高等教育体系，逐步形成专科、本科、研究生三个层次的教师教育，以全面提高中小学教师的学历。通过合并、升格、联办

---

[13]教育大辞典编纂委员会．教育大辞典(第一卷) (第二卷) [M]．上海：上海教育出版社，1991.

[14]高敏．韩国的教师教育及中韩教师教育比较研究[D]．扬州：扬州大学，2007.

等途径，合理调整师范院校布局结构，到 2010 年广西南宁市基本形成以本科院校为依托的专科、本科和研究生三个层次，以本科和研究生为主的教师教育新格局，2015–2020 年广西南宁市基本实现本科化。”因此在要充分抓住教育改革与发展的机遇，有计划的区域内的中小学教师学历水平进行优化，提升教师队伍的总体水平，在南宁市政府的努力下 2017 年广西南宁市城乡新增小学教师中，具有本科学历者平均达到 70%，整个南宁地区教师本科学历水平的人数占整个人数的半数以上，其中硕士学历教师的数量与比例明显增加，教师队伍的水平与质量得到了很好的改善。

2．重视大学后或研究生层次中小学教师的培养

1997 年开始的教育硕士专业学位即 MEA(Master of Education Administration) 试点工作，是广西南宁市继工商管理硕士、建筑学专业硕士、法律硕士专业学位、临床医学硕士专业学位之后设置的又一个专业学位。2005 年，全国共有 47 所高等学校(其中 35 所师范院校、12 所综合大学或多科性大学) 招收在职攻读教育硕士专业学位研究生。今后，广西南宁市中小学教师不仅要达到本科学历，而且还要有一部分博士、硕士毕业生充实其中，应鼓励有条件的中小学青年教师攻读教育硕士和博士学位，以不断提高广西南宁市中学教师的学术水平和学历层次。

(三) 职前职后一体化的阶段模式

为了更好适应知识经济时代的发展，我国教师队伍必须树立起终身教育的理念，为我国培养更多的优秀人才。为了紧跟时代的步伐，南宁市政府在教师专业化发展理念与教师职业发展规律的指导下，对教师的职业教育与培养进行了改革与规划。南宁是充分融合优质教育资源，组织多方教师职业教育与培训组织，初步建立起了一体化的教师职业教育与培训体系。

1．培养目标和培养过程的一体化

教师在职业生涯中接收职业教育主要包括三个阶段：第一阶段是职前在高校接受的职业教育，它奠定了教师职业生涯的基础；第二个阶段是在教师入职时进行的教育培训，这个阶段教师完成了由学生向教师的转变；第三个阶段是教师入职后为了更好地提升自己的教学能力与职业技能，进行的各种形式的岗位培训，它是教师职业发展的保证，也是教师在整个职业生涯中一种保障性教育。不同教师职业教育阶段，教育的目的与重点存在很大的差异，充分利用教师在不同职业教育阶段的特点对其进行针对性的教育能够有效地提升教师的素质，保证我国教师队伍素质的提升。第一阶段的教育，即职前教育应该将教育的重点放在提升师范生的职业基础素养与教育技巧之上；第二个阶段的教育，即入职教育主要是对其进行实践训练，使学生能够逐渐适应身份的变化，并能够以教师的身份对所学的知识进行运用；第三个阶段，即职后教育的主要内容是对教师的教学技巧、教学综合能力进行锤炼，打造高水平的教师。师范学校并不是培养教师的唯一组织，因为在这是三个教育阶段中，只有第一阶段的教育是在学校完成的，其他两个阶段的教育都是在其他组织机构完成。因此，坚定不移地推进教师教育的一体化，不仅能够帮助教师更好地提升自己职业技巧与职业能力，还可以有效提升教师教育的有效性，促进教师队伍水平的整体提高。

2．课程设置和课程实施的一体化

职前教育和职后教育的教学内容和课程体系也必须建立起紧密的联系，否则教师的理论学习与实践活动就会被割裂，对于提升教师的素质来说是一个重大的打击。素质教育是现代教育提倡的一种教育理念，简单来说素质教育就是着眼于学生整体素质与能力提升的一种教育，这与传统教育只注重学生文化知识提升的教育思路有很大的差别。素质教育对学生的培养需求，使得教师在现代教育中的能力需求越来越全面，比如在素质教育中经常会涉及跨学科的内容与知识，如果教师没有足够的知识储备，很难在素质教育中发挥积极的作用。为了更好地培养教师的综合能力与素质，要将职前教育、入职教育与职后教育充分结合起来，从整体角度出发，对教师的职业教育与培训进行引导，不但拓宽了教师的知识结构与视野，还对促进整个教师队伍建设水平具有重要的意义。

3．培养培训的师资队伍一体化

教师的职前教育与职后教育实际上处于分离的状态，虽然很多部门都认识到了一定的问题严重新，但由于种种原因的限制，并没有得到有效的解决。事实上仅靠高校教育根本不可能完成对教师职业发展的教育，教师的职业发展不仅是一个短期的过程，它需要我们对自己的教学技能不断进行完善，对自己的知识储备不断丰富。进行师资队伍的建设必须要建立相应的管理与监督制度，保证教师的各项权利能够实现。教师培训师资队伍的一体化是，代表着未来教师培育的发展方向。

4．培养机构和培训机构一体化

大部分的职前教育都是在师范学校中开展的，教师入职后的教育大多数在教育学校或者专门的进修单位，职前教育与职后教育作为教师职业能力提升的主要手段两个阶段的教育没有有效的统一起来，这不仅造成了教师职业教育完整性的割裂，也造成了教育资源的浪费。按照教师教育的发展规律以及社会发展对教师职业能力提出的要求，之前教育与之后教育必须进行有效的互动，才能从教师职业教育展开指出就保证教育方向的准确性与实用性，从而大大提升教师职业教育的实际效果。就当前培养结构与培训机构的一体化拉说，南宁市教师教育发展的可以借鉴的模式主要有三种：

(1) 合并模式。合并模式是指将教师职前培养的高校与职后教育进修的机构合并为一个教育组织，职前培养与职后教育进行充分的沟通与互动，二者共同制定教师培养与进修的教育内容与教育项目，着眼教育实践与未来的发展对教师进行有效的培养。二者进行合并可以有效地利用彼此的教育资源，并且减少重复建设、功能重叠的部分组织机构，从而对教师教育系统进行精简，提升整个教育体系的运行质量与运行效率。

(2) 联合模式。联合模式也是常见的一种融合模式，具体来说是指师范学校与职后教育学院练手合作，在组织关系上保持独立的一种模式。师范学校与教育学校保持各自独立性的优势是能够有效地进行自我决策，有利于各自积极性的发挥。联合模式的缺点二者由于彼此独立性的保持，在联合制定教育内容时会应为教育目标的偏差而发生偏差，实际上这种模式更像是一种教育资源的共享。

(3) 发展模式。发展模式是指建立专门的教师终身教育培训组织，目前这一模式在北京市、上海市、河北省、吉林省、江苏省等地已经开始开展。发展模式下职前教师的培养与职后教育有机的融合在一起，虽然由于各种因素的限制未能实现真正意义上的融合，但仍然取得了一定的成绩。

二、广西南宁市新型教师教育模式的特性

（一）师资培养培训模式多样化

广西南宁市教师教育的新型模式倡导师资的培养和培训多样化，力争将科研型与师范性进行有机的融合，提升教师培养与培训的效果。师范教育的目标不单单是培养教师，还包含很深的研究性意义，在师范教育中学校的不仅培养要培养学生担任教师的资格，还要保证学生。培养教师资格是一种实践性较强的活动，而保证教学质量，保证学生的“经师”的水平就需要记性深入的分析与研究了，只有找到其中的关键点才能有的放矢，取得预期的效果，这也是师范教育研究性的由来。一般来说对师范教育研究越透彻，对社会形势与社会需求越了解的学校其教学质量越高，越容易得到大家认可。无论是本科师范教育还是专科师范教育，都必有一定的学术与研究功底，否则师范学校的师范性会与研究性脱节，对学校的教学质量造成很大的影响。师范教育试图达到的是一种培养的境界，师范学校不仅要知道如何培养人，还应该知道如何体现师范教育的价值，面向需求、面向未来培养人。

如今世界上很多国家，教师教育在综合大学与师范院校的联合培养的空间下整合学术性与师范性，师范生既可以接收到和其他专业的学生相同的四年大学文

理基础知识和学科专业知识，使其学术水平不低于其他专业的学生；同时又能在此基础上接受一个相对独立和集中阶段(1～2 年) 的教育科学方面的专业训练，使学术性和师范性得到很好地结合。根据教育大辞典编纂委员会的《教育大辞典》中的介绍，我国平衡师范学校师范性与研究性上也取得了一些成绩，比如北师大制定了 4+0(教育学士) 、4+3(硕士研究生) 等不同的培养模式。[15]这对于满足不同程度的培养需求与研究需求有十分积极的意义。

(二) 教师教育终身化

20 世纪 70 年代以后，终身教育理念开始为人们所认识、熟悉，世界教育与文化的发展进入了一个持续学习的时代。师范教育在改理念的影响也发生了重大的变化，因为其局限于职前培训的教育模式与终身教育理念有很大的差异，我国教育部在《关于师范院校布局结构调整的凡点意见》中就已经明确地对教师的职前教育与之后教育做出了“职前职后教育贯通”的规划。

在信息时代，学生可以轻松地从网络以及各种媒体上获得知识与信息，很多时候学生涉猎的领域是老师们不曾听闻的，如果教师仅靠在课堂上教授知识很难在引起学生们的兴趣，学生的学习需求也得不到有效的满足。在信息时代，任何一个教师一两年不学习、不进步就会落伍，被其他教师甩在队伍的末端，这对于教师职业生涯的发展是致命的。想要提高教师的专业水平与知识储备，培养教师现代化的思考方式与教学思维，必须要对教师进行培训与提高，这种培训与提高不是阶段性的，而是必须贯穿教师整个职业生涯的全部。在教师的培养与教育过程当中，终身教育的理念理应被得到真正的贯彻，国家相关部门应该和教育系统腰围教师的终身教育提供良好的条件，包括基础设施的建设、社会氛围的营造等。教育行政部门要充分肩负起自己的责任，通过政策的引导与鼓励，促进教师培养与教育的体系的健康发展，为我国教师队伍水平的提高

[15]教育大辞典编纂委员会．教育大辞典(第一卷) (第二卷) [M]．上海：上海教育出版社，1991．

打下坚实的基础。

在终身教育理念之下，教师的教育应该是一个开放的系统，其在动态变化中呈现出多元的姿态，教师职前教育、入职教育、职后教育每一个要素都必须合理安排在教师教育体系当中，充分发挥他们的作用。

（三）课程设置专业化

面对世界师范教育课程设置的专业化趋势，广西南宁市教师教育的课程设置也必须进行改革，以促进其学术性与师范性的协调发展。

第一，广西南宁市课程设置要具有前瞻性。基础教育从应试教育向素质教育的转轨，要求教师具有广博的文化知识积累和较强的发展潜力。而单一的课程设置和教学内容是不能适应素质教育要求的。因此，高等师范教育课程的构建要放眼未来，使课程的门类、内容适应于未来社会所需要的教师的要求。

第二，广西南宁市课程设置要突出师范性。高等师范院校的课程设置几乎等同于非师范院校的学科专业的课程体系，其专业都是按一级学科设置。在教育类课程的开设和实施上偏重理论性课程，偏重知识传授，忽视实践性课程和教师职业技能的训练和提高。改革现有的教师课程体系，完善教师教育课程设置，是强化教师技能的训练、培养合格的教师最有效的措施。

第三，广西南宁市课程设置要具有通识性。目前教育界已经认识到专才教育的弊端，因而许多大学实行主副修制，通过增设某些课程以弥补本专业课程的不足，在这一点上，可以借鉴国外的先进经验，课程内容涵盖人文科学、社会科学、自然科学三大领域，其中以人文科学为主干。

广西南宁市师范院校的通识课程，应满足于本民族的文化教育，以人文课程为主；应以基本学科的独立设科为主，兼容各科课程。

第四，广西南宁市课程设置要增强实践性。教育实习是高师职业技能训练的重要实践环节，是学生在教师指导下运用所学专业知识、教育理论和方法，完成教学实践的一次全面检验。现行的高师教学大纲规定，包括 1 周教育见习在内，本科教育实习时间为 6~8 周，专科为 4~6 周，仅占教育计划学时的 4%左右，并且是一次性集中安排，学生教育见习、实习时间明显偏短。因此，应该改革实践课程模式、延长教学实习时间、拓展教育实践内容，使学生能积极真正地深入到基层学校中去参与实际教学和教研活动，为未来更好地从事教育事业做好准备。

参考文献

[1] 胡艳．我国教师教育体系当前形成路径与变革动因[J]．北京师范大学学报，2009(02)：20-28．

[2] 别林业．中师布局调整和师范教育制度的逐步开放—关于我国师范教育体制改革的政策建议[J]．教育研究，2000(07)：7-8．

[3] 张斌贤．论高等师范院校的转型[J]．教育研究，2007(05)：9-10．

[4] 于发友．教师专业发展的五大趋势[J]．教育发展研究，2004(5)：60-61．

[5] 教育部师范教育司．教师专业化的理论与实践[M]．北京：人民教育出版社，2003．

[6] 林德全．教师教育课程创新的基本范畴[J]．河南大学学报(社会科学版)，2014，54(04)：133-139．

[7] 何茜．综合大学教师教育发展的现实问题和路径选择[J]．教育研究，2013(11)：16-17．

[8] 曹慧英．我国小学教师专业化发展战略与路径选择[J]．教育研究，2014(03)：17-18．

[9] 杨跃．论教师教育改革的院校支持系统[J]．南京师范大学学报(社会科学版)，2012(05)：32-33．

[10] 顾明远．我国教师教育改革的反思[J]．教师教育研究，2006(06)：36-37．

[11] 唐玉光．教师专业发展与教师教育[M]合肥：安徽教育出版社，2008．

[12] 约翰内斯威尔特．高等教育全球化的挑战[J]．李子江，罗慧芳，译．高等教育研究，2007(12)：49-50．

[13] 梅新林．中国教师教育 30 年[M]．北京：中国社会科学出版社，2008．

[14] 教师教育：从自为走向自觉[M]南宁：广西师范大学出版社，2008．

[15] 丁建弘．德国通史[M]．上海：上海社会科学院出版社，2002．
[16] 傅道春．教师的成长与发展[M]．北京：教育科学出版社，2001：54．
[17] 高葵芬．发达国家教师资格证书制度之比较[J]．安庆师范学院报，2003，22(05) ：54-55．
[18] 陈好连．双元制背景下德国职教教师资格制度研究[D]．成都：西南大学，2012．
[19] 洪明．欧洲教师教育改革的现状与问题[J]．高等师范教育研究，2002(6) ：67-71．
[20] 唐玉光．试论教师教育的专业性[J]．教育研究，2002(7) ：69-70．
[21] 陈向明．参与式教学与教师专业发展："西部基础教育发展项目"的经验与反思[M]．北京：北京大学出版社，2008．
[22] 陈孝斌，高洪源．教育管理学[M]．北京：北京师范大学出版社，2008．
[23] 陈永明．国际师范教育改革比较研究[M]．北京：人民教育出版社，2003．
[24] 丛立新．沉默的权威—中国基础教育教研组织[M]．北京：北京师范大学出版社，2011．
[25] 李进．教师教育概论[M]北京：北京师范大学出版社，2009．
[26] 陈永明．教师教育研究[M]．上海：华东师大出版社，2003．
[27] 朱旭东．教师教育标准体系研究[M]．北京：北京师范大学出版社，2011．
[28] 刘静．20 世纪美国教师教育思想的历史分析[M]．北京：北京师范大学出版社，2009．
[29] 郑抗生．社会学概论新修．3 版．[M]．北京：中国人民大学出版社，2003．
[30] 范国睿．教育生态学[M]．北京：人民教育出版社，2000．
[31] 洪明．教师教育的理论与实践[M] 福建：福建教育出版社，2007．
[32] 王艳玲．教师教育课程轮[M]上海：华东大学出版社，2011．
[33] 钟秉林．教师教育转型研究[M]．北京：北京师范大学出版社，2009．
[34] 贾合甫•米尔扎汗．哈萨克族文化大观[M]．乌鲁木齐：新疆人民出版社，2001．

[35] 朱永新，袁振国．中国教师：专业素质的修炼[M]．南京：南京师范大学出版社，2003．

[36] 袁振国．中国教育政策评论[M]．北京：教育科学出版社，2000．

[37] 苏真．比较教师教育[M]．北京：北京师范大学出版社，2000．

[38] 周南照，等．管培俊：关于教师教育改革发展的四个观点—教师教育改革与教师专业发展国际视野与本土实践[M]．上海：华东师范大学出版社，2007．

[39] 哈经雄，滕星．民族教育学通论[M]．北京：教育科学出版社，2001．

[40] 滕星，王军．20 世纪中国少数民族与教育[M]．北京：民族出版社，2002．

[41] 黄威．教师教育体制国际比较研究[M]．广州：广东高度教育出版社，2003．

[42] 胡艳．我国高等师范教育现状的统计现状的统计分析语改革的政策选择[J]．现代教育论丛，2002(07)：56-57．

[43] 顾明远．师范教育的传统与变迁[J]．教师教育研究，2006，15(06)：45-46．

[44] 顾明远，檀传宝．2004：中国教育发展报告—变革中的教师与教师教育[M]．北京：北京师范大学出版社，2004．

[45] 赵嘉麒．哈萨克文化研究[M]．乌鲁木齐：新疆人民出版社，2004．

[46] 郝文武．教育哲学研究[M]．北京：教育科学出版社，2009．

[47] 王晓宇．英国师范教育机构的转型：历史视野与个案研究[M]．上海：上海政法大学出版社，2008．

[48] 钟秉林．教师教育转型研究[M]．北京：北京师范大学出版社，2009．

[49] 祝怀新．封闭与开放—教师教育政策研究[M]．杭州：浙江教育出版社，2007．

[50] 李品．地方高等师范院校的转型与发展[M]．北京：中国社会科学出版社，2008．

[51] 王鸿江．现代教育学[M]．修订版．上海：上海教育出版社，2001．

[52] 朱旭东，胡艳．中国教育改革 30 年[M]．北京：北京师范大学出版社，2009．